AN WELCHEM PUNKT STEHEN WIR?

Giorgio Agamben

An welchem Punkt stehen wir?

Die Epidemie als Politik

Aus dem Italienischen von Federica Romanini

VERLAG TURIA + KANT
WIEN – BERLIN

**Bibliografische Information der Deutschen
Nationalbibliothek**

Die Deutsche Bibliothek verzeichnet diese
Publikation in der Deutschen Nationalbibliografie;
detaillierte bibliografische Daten sind im Internet über
http://dnb.ddb.de abrufbar.

**Bibliographic Information published by
Die Deutsche Nationalbibliothek**

The Deutsche Bibliothek lists this publication in the
Deutsche Nationalbibliografie; detailed bibliographic data
is available in the internet at
http://dnb.ddb.de.

ISBN 978-3-85132-996-4

Dieses Buch erschien in ähnlicher Form unter
A che punto siamo? L'epidemia come politica
bei Quodlibet, Macerata 2020

VERLAG TURIA + KANT
A-1010 Wien, Schottengasse 3A/5/DG1
Büro Berlin: D-10827 Berlin, Crellestraße 14
info@turia.at | www.turia.at

INHALT

Juni 2020

> Das Schiff sinkt und wir streiten über seine
> Ladung.
>> Hieronymus

Dieser Band versammelt die Texte, die ich in den Monaten des Ausnahmezustandes infolge der Gesundheitskrise verfasst habe. Es sind punktuelle, teils sehr kurze Beiträge, mit denen ich versucht habe, die ethischen und politischen Folgen der Pandemie zu reflektieren und zugleich den politischen Paradigmenwechsel aufzuzeigen, der sich anhand der Ausnahmeverordnungen abzeichnete.

Jetzt, über vier Monate nach Beginn des Notstands, ist die Zeit gekommen, die Ereignisse, deren Zeuge wir waren, in einen breiteren historischen Kontext zu stellen. Wenn die vorherrschenden Kräfte dieser Welt die Pandemie – ob sie tatsächlich oder nur scheinbar eine solche ist – bewusst zum Vorwand genommen haben, ein völlig neues Paradigma zu schaffen, wie Menschen und Dinge zu regieren seien, dann deshalb, weil sich die alten politischen Modelle aus ihrer Sicht in einem unaufhaltsamen Niedergang befanden und den heutigen Anforderungen nicht mehr gewachsen waren. Angesichts der Erschütterungen im römischen Reich des 3. Jahrhunderts setzten Diokletian und Konstantin grundlegende administrative, militärische und wirtschaftliche Reformen um, die später in der byzantinischen Autokratie gipfeln sollten; in ähnlicher Weise haben die herrschenden Mächte unserer Zeit die Paradigmen der bürgerlichen Demokratien mit ihren Rechten, Parlamenten und Verfassungen völlig aufgegeben, um sie durch neue Dispositive zu ersetzen, deren Umrisse wir erst erahnen und die wahrscheinlich selbst ihre Architekten noch nicht deutlich erkennen können.

Die Große Transformation, die sie durchzusetzen versuchen, zeichnet sich dadurch aus, dass sie nicht auf einer neuen gesetzlichen Ordnung gründet, sondern aus dem Ausnahmezustand, d.h. aus der vorbehaltlosen Aufhebung jeglicher verfassungsrechtlichen Garantie hervorgeht. In dieser Hinsicht weist sie Berührungspunkte mit den Ereignissen im Deutschland des Jahres 1933 auf, als der neuernannte Reichskanzler Adolf Hitler, ohne die Weimarer Verfassung abzuschaffen, den permanenten Ausnahmezustand verhängte. Dieser sollte zwölf Jahre in Kraft bleiben und alle Bestimmungen der formal weiterhin gültigen Verfassung de facto zunichtemachen. Im nationalsozialistischen Deutschland bedurfte es hierzu der Entfaltung eines ausdrücklich totalitären ideologischen Apparates, während wir heute eine Umgestaltung erleben, deren Wirksamkeit auf bloßem Gesundheitsterror und einer Art Gesundheitsreligion fußt. Das Recht auf Gesundheit in der bürgerlichen Demokratie schlägt nun – weitgehend unbemerkt – um in eine juridisch-religiöse Gesundheitspflicht, die alle Bürgerinnen und Bürger um jeden Preis zu erfüllen haben. Wie hoch dieser Preis sein kann, durften wir zuletzt eindrücklich erfahren, und wir werden es vermutlich jedes Mal aufs Neue erfahren, wenn die Regierung ähnliche Maßnahmen für notwendig erachtet.

Wir können »Biosicherheit« das Regierungsdispositiv nennen, das aus der Verbindung der neuen Gesundheitsreligion mit der staatlichen

Macht und dem von ihr verwalteten Ausnahmezustand entsteht. Wir haben es womöglich mit
einem der wirkungsvollsten, machtvollsten Dispositive in der gesamten westlichen Geschichte zu
tun. Die jüngere Erfahrung hat uns gelehrt, dass,
sobald ihre Gesundheit bedroht ist, die Menschen
dazu bereit sind, Freiheitseinschränkungen hinzunehmen, die sie früher – sei es während der beiden
Weltkriege oder unter dem Joch totalitärer Regime
– unter keinen Umständen geduldet hätten. Der
Ausnahmezustand, der in Italien inzwischen bis
ins kommende Jahr verlängert wurde, wird als die
längste Aufhebung der Legalität in der Geschichte
des Landes in Erinnerung bleiben. Seine Umsetzung ist auf keinerlei Widerstand gestoßen, weder
seitens der Bevölkerung noch und vor allem nicht
seitens der zuständigen Institutionen. Nach Chinas Beispiel ist Italien zum ersten westlichen Labor
geworden, in dem die neue Regierungstechnik in
ihrer radikalsten Spielart erprobt wurde. Eines
Tages, nachdem die Historiker die reale Dimension
der Pandemie durchleuchtet haben werden, wird
uns diese Zeit als eine der wahrscheinlich schäbigs-

ten in der italienischen Geschichte erscheinen, und diejenigen, die das Land geleitet und regiert haben, als unverantwortliche, skrupellose Gestalten, die abseits jedes ethischen Rahmens handelten.

Der Ausnahmezustand stellt das juristisch-politische und die Wissenschaft das religiöse Dispositiv der Großen Transformation dar. Auf der Ebene sozialer Beziehungen wirkt sie hingegen mithilfe der digitalen Technologie, die ihrerseits eine offenbare Einheit mit der »sozialen Distanzierung« bildet, der neuen Art, in der sich zwischenmenschliche Interaktionen strukturieren. Menschliche Beziehungen sollen nach Möglichkeit auf physische Anwesenheit verzichten, um sich stattdessen, wie bereits vorher der Fall war, dank immer effizienterer und allgegenwärtiger Vorrichtungen im virtuellen Raum abzuspielen. Die neue Form der sozialen Beziehung ist die digitale Verbindung. Wer nicht verbunden ist, ist von jeder Beziehung weitgehend ausgeschlossen und zur Marginalität verurteilt.

Hinter dem, was die Stärke der aktuellen Umgestaltung ausmacht, steckt auch ihre Schwäche. Die Ausbreitung des Gesundheitsterrors benötigte ein lückenlos gleichgeschaltetes Mediensystem, das sich jedoch in dieser Form nur schwer aufrechterhalten lässt. Wie jeder Glaube hat auch die medizinische Religion ihre Häresien und Kontroversen, und so konnte man bereits vielerseits kritische Stimmen vernehmen: Anerkannte Persönlichkeiten haben Realität und Ausmaß der Epidemie hinterfragt und zu bedenken gegeben, dass die tägliche Veröffentlichung von Zahlen, die jeder wissenschaftlichen Grundlage entbehren, auf Dauer nicht haltbar sei. Vermutlich sind sich selbst die politischen Entscheidungsträger dieses Umstands bewusst. Würden sie die Gefahr nicht wittern, hätten sie nämlich niemals zu so drastischen und inhumanen Maßnahmen gegriffen, wie wir sie heute gewärtigen. Seit Jahrzehnten erleben wir die fortschreitende Legitimitätskrise der institutionellen Mächte, die diese durch die Schaffung eines dauerhaften Notstands und das daraus hervorgehende Sicherheitsbedürfnis einzudämmen versuchen. Wie lange noch und in welcher Art und Weise wird es gelingen, den aktuellen Ausnahmezustand zu verlängern? Eines ist klar: Es werden neue Widerstandsformen erforderlich sein. Ihnen sollen sich all jene vorbehaltlos anschließen, die an der Idee einer zukünftigen Politik festhalten – einer Politik, die weder die Gestalt der überholten bürgerlichen Demokratien noch der technologisch-gesundheitlichen Zwangsherrschaft annehmen wird, in die jene Demokratien allmählich verfallen.

1. DIE ERFINDUNG EINER EPIDEMIE
»il manifesto«, 26. Februar 2020

Angesichts der hektischen, irrationalen und völlig unbegründeten Notfallmaßnahmen zur Bekämpfung einer vermeintlichen Epidemie durch das Coronavirus empfiehlt es sich, auf folgende Aussagen des CNR* zurückzugreifen: »In Italien besteht keine Epidemie durch den Erreger SARS-CoV2«, und weiter: »Anhand der derzeit verfügbaren epidemiologischen Daten, beruhend auf Zehntausenden Fällen, entwickeln 80-90% der infizierten Personen milde bis mittelschwere Symptome (vergleichbar mit einer Grippe). In weiteren 10-15% der Fälle kann eine Lungenentzündung mit überwiegend günstigem Verlauf auftreten. Statistischen Berechnungen zufolge ist nur bei 4% der Patienten eine intensivmedizinische Betreuung erforderlich.«

Wenn dies die tatsächliche Lage ist, warum sind Medien und Institutionen so bemüht, Panik

---

* Consiglio Nazionale delle Ricerche, dt. Nationaler Forschungsrat [A.d.Ü.].

zu verbreiten und dabei einen veritablen Ausnahmezustand zu schaffen, der schwere Einschränkungen der Bewegungsfreiheit und die Aufhebung der normalen Lebens- und Arbeitsbedingungen in ganzen Regionen des Landes zur Folge hat?

Zwei Faktoren können dazu beitragen, eine Erklärung für diese unverhältnismäßige Handlungsweise zu liefern. Einerseits zeigt sich darin einmal mehr die zunehmende Tendenz, den Ausnahmezustand als probates Regierungsparadigma zu verwenden. Die von der Regierung »aus Gründen der Hygiene und der öffentlichen Sicherheit« eilig verabschiedete Notverordnung läuft nämlich auf die regelrechte Militarisierung »aller Gemeinden und Gegenden« hinaus, »in denen zumindest eine Person positiv auf das Virus getestet wurde, bei der die Übertragungsquelle unbekannt ist, oder in denen zumindest ein Fall vorliegt, der sich nicht auf den Kontakt mit einer Person aus einem betroffenen Gebiet zurückführen lässt«. Eine derart vage und unbestimmte Formulierung wird es erlauben, den Ausnahmezustand bald auf alle Regionen des Landes auszuweiten, denn es ist davon auszugehen, dass die genannten Fälle auch woanders auftreten werden. Die Verordnung sieht folgende schwerwiegende Freiheitseinschränkungen vor: a) Ausreiseverbot aus einer betroffenen Gemeinde oder aus einem betroffenen Gebiet für alle Personen, die sich darin aufhalten; b) Einreiseverbot in betroffene Gemeinden oder Gebiete; c) Veranstaltungsverbot: Veranstaltungen und Aktionen jeder Art sowie Events und Versammlungen an öffentlichen und privaten Orten sind bis auf weiteres untersagt; das Verbot betrifft auch Zusammenkünfte kultureller, spielerischer, sportlicher und religiöser Natur, inklusive solcher, die in geschlossenen, der Öffentlichkeit zugänglichen Räumen stattfinden; d) Schließung von Kinderbetreuungsstätten und Schulen aller Stufen; die Lehrtätigkeit in Präsenz ist an allen Schulen, Hochschulen und Universitäten ausgesetzt, ausgenommen sind Fernunterricht und -Lehre; e) Einstellung des Publikumsbetriebs in allen Museen sowie Kultureinrichtungen und -Orten im Sinne von Art. 101 des Kodex der Kultur- und Landschaftsgüter und vom Gesetzesvertretenden Dekret vom 22. Januar 2004 Nr. 42;

Aufhebung der Bestimmungen bezüglich des freien und kostenlosen Zugangs zu obengenannten Einrichtungen und Orten; f) Einstellung aller Schulreisen im In- und Ausland; g) Einstellung der laufenden öffentlichen Ausschreibungen/Wettbewerbe und Einschränkung des Betriebs aller öffentlichen Ämter auf die Erbringung wesentlicher und gemeinnütziger Dienstleistungen; h) Quarantänemaßnahme mit Aufforderung zur medizinischen Selbstbeobachtung für alle Personen, die engen Kontakt mit bestätigten Infektionsfällen hatten.

Die Unverhältnismäßigkeit der Verordnung gegenüber der Einschätzung des CNR, der die Covid-Erkrankung mit der saisonalen Grippe vergleicht, ist offensichtlich. Man könnte meinen, dass die Erfindung einer Epidemie – nach dem Versiegen des Terrorismus als Quelle außerordentlicher Maßnahmen – einen hervorragenden Vorwand liefert, ebenjene Maßnahmen uneingeschränkt auszuweiten.

Der zweite, nicht minder beunruhigende Faktor ist die diffuse Unsicherheit und Angst, die sich in den letzten Jahren in das individuelle Bewusstsein eingeschlichen hat, um von dort aus ein

Bedürfnis nach kollektiven Panikzuständen aus-
zulösen – ein Bedürfnis, dem die Epidemie einmal
mehr einen idealen Vorwand liefert. Es hat den
Anschein, als würde eine riesige, vom kleinsten
Lebewesen verursachte Angstwelle die Menschheit
überrollen, und als würden die Mächtigen dieser
Erde diese Welle lenken und zu ihren Zwecken
nutzen. Das Ergebnis ist eine perverse Selbstrefe-
renzialität: Die von den Regierungen verordneten
Freiheitsbeschränkungen werden von der Bevölkerung im Namen eines Sicherheitsbedürfnisses angenommen, das die Regierungen selbst herbeigeführt
haben, um es mit ihren Eingriffen in die Freiheit
bedienen zu können.

2. ANSTECKUNG

11. März 2020

> Der Salber! packt ihn! packt ihn! Packt den
> Salber!
>
> Alessandro Manzoni, *Die Brautleute*

Eine der menschenunwürdigsten Folgen der Panik, die man in Italien im Zuge der sogenannten Coronavirus-Epidemie mit allen Mitteln zu verbreiten versucht, findet sich in der Idee der »Ansteckung«, die den von der Regierung umgesetzten Notfallmaßnahmen zugrundeliegt. Diese Vorstellung war der hippokratischen Medizin noch fremd. Ihren Vorläufer wird man hingegen zur Zeit der verheerenden Pestepidemien finden, die einige italienische Städte im 16. und 17. Jahrhundert heimsuchten. Es handelt sich dabei um die Figur des »Salbers«, den Alessandro Manzoni im Roman *Die Brautleute* und im Essay *Geschichte der Schandsäule* verewigte.* In einer »Bekanntmachung« der Mailänder

---

* Die Figur des Salbers oder Giftsalbers (ital. *untore*) entstand in Italien zur Zeit der großen Pestepidemien im 16. und 17. Jahrhundert. Als Salber bezeichnete der Volks-

Verwaltung aus dem Jahr 1576, die die Bevölkerung dazu aufforderte, die Salber der Obrigkeit zu melden, wird ihre Gestalt folgendermaßen beschrieben:

Nachdem der Statthalter davon Kenntnis erlangt hat, dass einige Menschen mit unbarmherziger Gesinnung in der Absicht, unter dem Volk Angst und Schrecken zu verbreiten und die Bevölkerung Mailands zu Unruhen anzustiften, die Tore und Riegel der Häuser und die Straßenecken der Viertel unserer Stadt und anderer Orte im Staate mit Salben beschmieren, die pestbringend und ansteckend sein sollen, um die Pest in die Öffentlichkeit und ins Private zu bringen, was erhebliche Unannehmlichkeiten und Erregung unter dem Volk zur Folge hat, besonders bei denjenigen, die zur Leichtgläubigkeit neigen, gibt er seinerseits zu verstehen, dass jede Person, gleich welchen Ranges, Status, Grades und Zustands, die innerhalb von

---

glaube Menschen, die verdächtigt wurden, giftige Salben auf Hauswände und Tore zu schmieren, um die Seuche zu verbreiten [A.d.Ü.].

vierzig Tagen Aufklärung gibt über diejenige Person oder diejenigen Personen, welche ein solches Verbrechen begünstigt, unterstützt oder davon erfahren haben, eine Belohnung von fünfhundert Scudi erhalten wird.

Ungeachtet der offensichtlichen Unterschiede zu unseren Tagen: Durch die jüngeren Maßnahmen* ist jeder Einzelne von uns de facto zum potenziellen Salber geworden, genauso wie die Anti-Terrorismus-Gesetze jeden Bürger de facto und de iure als potenziellen Terroristen behandelten. Die Analogie ist umso einleuchtender, wenn man bedenkt, dass in beiden Fällen der vermeintliche Salber, der gegen die Vorschriften verstößt, mit Gefängnis rechnen

---

* Die von der Regierung beschlossenen Maßnahmen sind Gegenstand von Gesetzesdekreten, die das Parlament aller Voraussicht nach – so sehr man sich das Gegenteil wünschen möchte – innerhalb der vorgesehenen Frist zu formellen Gesetzen erheben wird. [Die italienische Verfassung sieht vor, dass die von der Exekutive erlassenen Verordnungen (»Gesetzesdekrete«) verfallen, wenn sie nicht innerhalb sechzig Tage durch das Parlament bestätigt, d.h. in formelle Gesetze »umgewandelt« werden, A.d.Ü.].

muss. Besonders verhasst ist heute die Figur des gesunden bzw. asymptomatischen Trägers, der zahlreiche Menschen anstecken kann und dem man schutzlos ausgeliefert ist (im Unterschied zum Salber, gegen den man sich noch wehren konnte).

Noch trauriger als die durch die Verordnungen bedingten Freiheitseinschränkungen ist aber in meinen Augen die Gefahr, die sich darin ebenfalls verbirgt, eines Verfalls der zwischenmenschlichen Beziehungen. Dem anderen, selbst einem geliebten Menschen, darf man nicht mehr nahekommen, geschweige denn ihn oder sie berühren. Im Gegenteil: Zwischen uns muss ein Abstand von einem Meter liegen, sagen die einen, während andere Experten neulich einen Abstand von sogar 4,5 Metern empfohlen haben (bemerkenswert finde ich vor allem jene fünfzig Zentimeter!). Unser Mitmensch ist abgeschafft worden. Angesichts der ethischen Unbedarftheit unserer Regierenden könnte man annehmen, dass ihre Vorschriften von derselben Angst diktiert sind, die sie in der Bevölkerung auslösen sollen. Doch kann man sich nur schwer des Eindrucks erwehren, dass die jetzigen

Verordnungen genau jene Zustände herbeiführen, die die Regierenden bereits mehrmals angestrebt hatten: Sei es, dass Schulen und Universitäten endlich geschlossen werden und der Unterricht nur noch online stattfindet; sei es, dass man endlich aufhört, sich zu versammeln und über politische und kulturelle Angelegenheiten zu reden, um stattdessen nur noch digitale Textnachrichten auszutauschen; sei es, dass man jeden menschlichen Kontakt (und jede Ansteckung) tunlichst meidet, indem man Nähe durch Maschinen ersetzt.

3. KLARSTELLUNG

17. März 2020[*]

Ein italienischer Journalist hat sich befleißigt, wie es für seinen Berufsstand üblich ist, meine Überlegungen zur aktuellen Krise verzerrt und verfälscht wiederzugeben. In meinem Beitrag [*Ansteckung*, siehe S. 20 dieses Buches, A.d.Ü.] hatte ich die ethische Verwirrung geschildert, in der das Land aufgrund der Epidemie zunehmend versinkt, bis hin zur Rücksichtslosigkeit sogar gegenüber den Toten. Seinen Namen an dieser Stelle zu erwähnen, ist genauso überflüssig, wie der Versuch, seine offensichtlichen Manipulationen zu berichtigen. Hier möchte ich vielmehr weitere Überlegungen anstellen, die ihrer Klarheit zum Trotz wahrscheinlich das gleiche Schicksal ereilen wird.

---

[*] Dieser Text ist in leicht abgeänderter Form in der »Neuen Zürcher Zeitung« vom 18. März 2020 erschienen. Übersetzung von René Scheu.

Die Angst ist ein schlechter Ratgeber. Aber sie macht viele Dinge sichtbar, die man sich für gewöhnlich zu sehen weigert.

Zuerst einmal hat die Panikwelle, die ganz Italien zum Erliegen brachte, deutlich gezeigt, dass unsere Gesellschaft an nichts mehr glaubt außer an das nackte Leben. Es ist offensichtlich, dass die Italiener angesichts der – derzeit statistisch nicht erheblichen – Gefahr, sich mit dem Coronavirus anzustecken, praktisch alles zu opfern bereit sind: die normalen Lebensbedingungen, die sozialen Beziehungen, die Arbeit, sogar die Freundschaften, die Gefühle, die religiösen und politischen Überzeugungen. Das nackte Leben – und die Angst, es zu verlieren – ist nicht etwas, was die Menschen verbindet, sondern etwas, was sie trennt und blind macht.

Die anderen Menschen geraten plötzlich – wie im Fall der großen Mailänder Pest, die Alessandro Manzoni in *Die Brautleute* beschreibt – nur noch als mögliche »Salber« in den Blick, die es zu meiden gilt und zu denen man einen Sicherheitsabstand von mindestens einem Meter einhalten muss.

Die Toten – unsere Toten – haben kein Anrecht auf eine Beerdigung, und es ist nicht klar, was mit dem Leichnam jener Menschen geschieht, die uns lieb und teuer sind. Der Mitmensch wurde ausgelöscht, und es ist merkwürdig, dass die Kirchen hierzu schweigen. Was wird aus den menschlichen Beziehungen in einem Land, das sich daran gewöhnt, auf unabsehbare Zeit so zu leben? Und was ist das für eine Gesellschaft, die keinen anderen Wert mehr hat als das eigene Überleben?

Die Epidemie bringt eine zweite, nicht minder beunruhigende Tatsache zum Vorschein: Der Ausnahmezustand, auf den uns die Regierungen seit geraumer Zeit einstimmen, ist zu unserem Normalzustand geworden. Es kam in der Vergangenheit zu schlimmeren Epidemien als der heutigen, aber niemand hatte jemals daran gedacht, deshalb einen Notstand wie den jetzigen auszurufen, der uns sogar daran hindert, uns frei zu bewegen. Die Menschen haben sich daran gewöhnt, unter Bedingungen einer ständigen Krise und eines ständigen Notstands zu leben. Dabei scheinen sie nicht zu bemerken, dass sich ihr Leben auf eine rein biologische Funktion reduziert hat und nicht nur jeder sozialen oder politischen, sondern auch menschlichen oder affektiven Dimension verlustig gegangen ist. Eine Gesellschaft, die im ständigen Ausnahmezustand lebt, kann keine freie Gesellschaft sein. Wir leben in der Tat in einer Gesellschaft, die die Freiheit zugunsten der sogenannten Sicherheitsgründe geopfert und sich selber dazu verurteilt hat, in einem ständigen Angst- und Unsicherheitszustand zu leben.

Es wundert nicht, dass man in Bezug auf das Virus von einem Krieg spricht. Die Notmaßnahmen zwingen uns de facto, unter Bedingungen der Ausgangssperre zu leben. Nur ist ein Krieg mit einem unsichtbaren Feind, der sich in jedem Menschen einnisten kann, der absurdeste aller Kriege. Es ist in Wahrheit ein Bürgerkrieg. Der Feind ist nicht außerhalb von uns, sondern in uns.

Besorgniserregend ist nicht so sehr und nicht nur die Gegenwart, sondern das, was danach kommt. So wie die vergangenen Kriege den Friedenszeiten eine Reihe unheilvoller Technologien – vom Stacheldraht bis zu den Atomkraftwerken –

hinterlassen haben, so werden sehr wahrscheinlich auch nach dem Gesundheitsnotstand die Experimente fortgesetzt, die die Regierungen vorher nicht durchzuführen vermochten. Die digitalen Geräte werden jeden Kontakt ersetzen, an den Schulen, den Universitäten und an allen öffentlichen Orten; persönliche Beziehungen werden – mit der gebotenen Vorsicht – nur mehr in privaten Räumen und den eigenen vier Wänden stattfinden. Was auf dem Spiel steht, ist nicht weniger als die Abschaffung des öffentlichen Raums in seiner Gesamtheit.

4. AN WELCHEM PUNKT STEHEN WIR?

20. März 2020

Was bedeutet es, im aktuellen gesundheitlichen Notstand zu leben? Es bedeutet, gewiss, zu Hause zu bleiben. Aber auch, sich gegen die Panik zu wehren, die Medien und Institutionen forciert verbreiten, und sich darauf zu besinnen, dass die anderen nicht nur »Salber« und mögliche Virusüberträger sind, sondern auch Mitmenschen, denen unsere Liebe und Unterstützung gebührt. Es bedeutet, gewiss, zu Hause zu bleiben. Aber auch, klar zu denken und sich zu fragen, ob die Ausrufung eines militarisierten Notstands nicht auch ein Zug der Regierenden sei, um die eigene Verantwortung für den Abbau des Gesundheitssystems auf die Bürgerinnen und Bürger des Landes abzuwälzen. Es bedeutet, gewiss, zu Hause zu bleiben. Aber auch, die eigene Stimme zu erheben, um zu fordern, dass die öffentlichen Gesundheitseinrichtungen wieder ausreichend finanzielle Mittel erhalten, und die Richter daran zu erinnern, dass die systematische

Zerstörung des Gesundheitssystems ein wesentlich schwereres Verbrechen darstellt als das Verlassen des Hauses, ohne eine Eigenbescheinigung* mitzuführen.

Es bedeutet schließlich, sich zu fragen, wie wir die Zeit nach dem Notstand gestalten, wie wir zum normalen Leben zurückfinden werden. Denn das Land muss wieder aufstehen, unabhängig von den – alles andere als einstimmigen – Empfehlungen von Virologen und selbsternannten Experten. Eines ist klar: Wir werden nicht einfach zur Tagesordnung übergehen können. Wir werden nicht mehr die Augen vor der Misere verschließen können, in die uns die Religion des Geldes und die Blindheit der Entscheidungsträger gestürzt haben. Die Erlebnisse dieser Zeit werden nicht umsonst gewesen sein, wenn wir bereit sind, vieles, das wir vergessen haben, neu zu erlernen. Zuerst werden

---

* Selbstverfasstes Schreiben, das die italienischen Bürgerinnen und Bürger in der Öffentlichkeit mitführen mussten, um ihre zwingenden Gründe für das Verlassen des Hauses (beispielsweise die Unterstützung hilfsbedürftiger Menschen) bei Bedarf glaubhaft zu machen [A.d.Ü.].

wir unsere Sicht auf die Erde, die wir bewohnen, und die Städte, in denen wir leben, verändern müssen. Wir werden entscheiden müssen, ob wir wieder jeder Verführung der Werbung folgen und – wie man uns gewiss nahelegen wird – wieder überflüssige Dinge kaufen, oder ob wir uns nicht zumindest teilweise selbst versorgen, anstatt für alle Güter des täglichen Bedarfs auf den Supermarkt angewiesen zu sein. Wir werden uns fragen müssen, ob es sinnvoll ist, in weit entfernte Gegenden in den Urlaub zu fliegen, oder ob wir nicht vielmehr wieder lernen sollten, die Orte, an denen wir leben, zu bewohnen und unseren Blick für sie zu schärfen. Denn wir haben das Wohnen verlernt. Wir haben es zugelassen, dass unsere Städte und Dörfer zu Vergnügungsparks für die Touristen werden. Jetzt sind die Touristen verschwunden und die Städte, die auf ein vielfältiges Leben abseits der Touristenströme zunehmend verzichtet hatten, muten plötzlich wie gespenstische Nicht-Orte an. Wir müssen einsehen, dass diese Einseitigkeit eine falsche Entscheidung war. Wie übrigens fast jede

Entscheidung, zu der uns die Religion des Geldes und die Blindheit unserer Regierenden verleiten.

Kurz, wir sollten uns die einzig sinnvolle Frage stellen. Diese lautet nicht, wie die falschen Philosophen seit jeher behaupten, »Woher kommen wir?« oder »Wohin gehen wir?«, sondern ganz einfach: »An welchem Punkt stehen wir?« Diese Frage gilt es zu beantworten, so gut wir können und wo immer wir sind, aber in jedem Fall mit unserem Leben und Handeln, und nicht nur mit Worten.

5. ÜBERLEGUNGEN ZUR PEST

27. März 2020[*]

Die folgenden Überlegungen betreffen nicht die Epidemie an sich, sondern die Reaktion der Menschen darauf und die Erkenntnisse, die wir daraus ziehen können. Wie konnte es so weit kommen, dass angesichts einer neuen Krankheit eine ganze Gesellschaft bereit war, sich verpestet oder verseucht zu fühlen, sich in den Häusern zu isolieren und die normalen Lebensbedingungen zu suspendieren, also ihre Arbeitsverhältnisse, ihre Freundschafts- und Liebesbeziehungen und sogar ihre religiösen und politischen Überzeugungen? Warum sind die Proteste ausgeblieben und es hat sich kein Widerstand formiert, wie es in solchen Fällen zu erwarten wäre? Es scheint mir notwendig, darüber nachzudenken.

---

[*] Dieser Text ist in leicht abgeänderter Form in der »Neuen Zürcher Zeitung« vom 7. April 2020 erschienen. Übersetzung von René Scheu.

Offensichtlich ist es so, dass es die Seuche irgendwie, wenn auch nur unbewusst, bereits gab. Die Lebensbedingungen müssen zu solchen geworden sein, dass ein einziges Zeichen genügte, um sie als das zu erweisen, was sie waren – sprich: unerträglich, eben als eine Seuche. Und dies ist in gewisser Weise das einzig Positive, das sich aus der gegenwärtigen Situation ziehen lässt: Es ist möglich, dass die Menschen sich später zu fragen beginnen, ob ihre Lebensweise die richtige war.

Aber auch über das Bedürfnis nach Religion, das diese Situation zum Vorschein bringt, sollte man nachdenken. Ein Hinweis darauf ist die dem eschatologischen Vokabular entlehnte Sprache, die im hämmernden Diskurs der Medien in geradezu obsessiver Art und Weise wiederkehrt und das Ende der Welt heraufbeschwört. Es ist, als hielte das religiöse Bedürfnis, das die Kirche nicht mehr zu befriedigen vermag, tastend nach einem anderen Aufenthaltsort Ausschau und fände denselben in derjenigen Religion, die längst zur wahren Religion unserer Zeit geworden ist: der Wissenschaft. Diese kann, wie jede Religion, Aberglauben und Angst hervorbringen oder zum Vehikel ihrer Verbreitung werden. Heute mehr denn je beobachten wir das für Religionen in Zeiten der Krise typische Schauspiel der unterschiedlichen und widersprüchlichen Meinungen und Vorschriften. Sie reichen von der Position der häretischen Minderheit (die ebenfalls von namhaften Wissenschaftlern getragen wird), die die Tragweite des Phänomens bestreitet, bis zum vorherrschenden orthodoxen Diskurs, der das Gegenteil behauptet, dessen Vertreter aber in ihren Ansätzen, wie die Krankheit zu bekämpfen sei, radikal divergieren. Und wie immer in solchen Fällen treten einige Experten oder auserkorene Experten auf den Plan, die sich die Gunst des Monarchen sichern. Wie in den Zeiten der religiösen Streitigkeiten, die seinerzeit die Christenheit spalteten, ergreift dieser nach den eigenen Interessen Partei für die eine oder die andere Strömung und setzt seine Maßnahmen durch.

Eine dritte Sache, die zu bedenken bleibt, ist der offensichtliche Zerfall jeder Überzeugung, jedes gemeinschaftlichen Glaubens. Man könnte meinen, dass die Menschen an nichts mehr glauben

– außer an das nackte biologische Leben, das es um jeden Preis zu retten gilt. Aber auf der Angst, das Leben zu verlieren, lässt sich einzig und allein eine Tyrannei errichten, der monströse Leviathan mit dem gezückten Schwert.

Deshalb wird es für all diejenigen, die sich ein Mindestmaß an Klarheit bewahrt haben, nicht möglich sein, nach der Verkündung des Endes der Seuche, wenn es denn so weit ist, zum Leben vor der Krise zurückzukehren. Und das ist heute womöglich die Sache, die uns am meisten zur Verzweiflung treibt – auch wenn, wie einmal jemand gesagt hat, uns »Hoffnung nur um der Hoffnungslosen willen gegeben ist«.

6. DIE EPIDEMIE ZEIGT, DASS DER AUSNAHMEZUSTAND ZUR NORM GEWORDEN IST

Gespräch mit Nicolas Truong,
»Le Monde«, 28. März 2020

In einem in der Tageszeitung »il manifesto« erschienenen Beitrag haben Sie von einer »vermeintlichen Epidemie« gesprochen und die Covid-19-Erkrankung mit der herkömmlichen Grippe verglichen. Angesichts der zahlreichen Todesfälle und der – besonders in Italien – rasanten Verbreitung des Virus bereuen Sie heute Ihre Aussagen?

Ich bin weder Arzt noch Virologe. In meinem Artikel habe ich lediglich die Einschätzungen des Consiglio Nazionale delle Ricerche [dt. Nationaler Forschungsrat, A.d.Ü.] zu jenem Zeitpunkt wiedergegeben. Das war vor ungefähr einem Monat.

In einem im Netz für alle verfügbaren Video vertritt übrigens Wolfgang Wodarg, ehemaliger Vorsitzender des Unterausschusses Gesundheit des Europarates, noch radikalere Thesen. Wodarg behauptet, dass wir derzeit »nicht die Inzidenz der

Coronavirus-Erkrankungen« messen, »sondern die Aktivität der nach ihnen suchenden Spezialisten«. Es ist allerdings nicht meine Absicht, in die wissenschaftliche Debatte über die Epidemie einzugreifen. Mich beschäftigen vielmehr die ethischen und politischen Folgen, die daraus entstehen.

In Ihrem Artikel schrieben Sie: »Man könnte meinen, dass die Erfindung einer Epidemie – nach dem Versiegen des Terrorismus als Quelle außerordentlicher Maßnahmen – einen hervorragenden Vorwand liefert, ebenjene Maßnahmen uneingeschränkt auszuweiten.« Inwiefern sollte es sich um eine Erfindung handeln? Können der Terrorismus und die Epidemie, die doch reale Ereignisse darstellen, politisch unzumutbare Folgen haben?

Wenn in einem politischen Zusammenhang von Erfindung die Rede ist, soll dies nicht einzig im Sinne einer subjektiven Position verstanden werden. Die Historikerinnen und Historiker wissen, dass es gleichsam objektive Verschwörungen gibt, die auch dann wirksam sind, wenn kein identifizierbares Subjekt im Hintergrund die Fäden zieht.

Wie Foucault gezeigt hat, bringen Regierungen, die das Sicherheitsparadigma bedienen, den Ausnahmezustand nicht zwangsläufig selbst hervor, sondern nutzen und steuern diesen, sobald er sich ereignet hat. Ich bin der Meinung, und stehe damit gewiss nicht alleine da, dass die Epidemie dem totalitären Regime Chinas ein hervorragendes Instrument geliefert hat, die Isolierung und enge Überwachung einer ganzen Region zu erproben. Dass manche heute in Europa auf China als auf ein Vorbild blicken, zeigt sehr deutlich das Ausmaß der politischen Verantwortungslosigkeit, in die uns die Angst gestürzt hat. Nicht weniger bedenkenswert ist die Tatsache, dass die chinesische Regierung die Epidemie für beendet erklärt, wenn ihr der Zeitpunkt dafür günstig erscheint.

Warum halten Sie den Ausnahmezustand für ungerechtfertigt, wenn Wissenschaftlerinnen und Wissenschaftler die Absonderung als die einzig wirksame Maßnahme empfehlen, um die Ausbreitung des Virus einzudämmen?

In der babylonischen Sprachverwirrung, die wir heute erleben, verfolgt jede Gruppe eigene Ziele, ohne andere Sichtweisen zu berücksichtigen. Für Virologinnen und Virologen ist das Virus der Feind, den es zu bekämpfen gilt. Für Ärztinnen und Ärzte stellt wiederum die Heilung das einzige Ziel dar. Der Regierung geht es darum, die Kontrolle zu behalten. Ich mag selbst meine eigenen Ziele verfolgen, wenn ich behaupte, dass der Preis, den wir für all das bereit sind zu zahlen, nicht zu hoch sein darf. Europa hat in seiner Geschichte viel schlimmere Epidemien erlebt, aber niemand hätte je gedacht, einen Ausnahmezustand wie den jetzigen zu verhängen, der in Italien und Frankreich das normale Leben zum Erliegen gebracht hat. Wenn man bedenkt, dass bis heute weniger als ein Prozent der italienischen Bevölkerung von der Covid-19-Erkrankung betroffen war, stellt sich die Frage, was noch geschehen könnte, sollte sich die Lage zuspitzen. Die Angst ist ein schlechter Ratgeber: Ich glaube nicht, dass die Lösung darin besteht, ein verseuchtes Land zu schaffen, in dem jeder auf seine Mitmenschen als auf eine mögliche

Ansteckungsquelle blickt. Dieselbe falsche Logik wiederholt sich: Wie es angesichts des Terrorismus behauptet wurde, dass man die Freiheit aufgeben soll, um sie besser zu verteidigen, so hört man heute, dass man das Leben suspendieren muss, um es besser zu schützen.

Erleben wir womöglich die Umsetzung eines permanenten Ausnahmezustandes?

Die Epidemie hat deutlich gezeigt, dass der Ausnahmezustand, auf den uns die Regierungen seit geraumer Zeit vorbereiten, zu unserem Normalzustand geworden ist. Die Menschen haben sich daran gewöhnt, unter Bedingungen einer ständigen Krise zu leben. Dabei scheinen sie nicht zu bemerken, dass sich ihr Leben auf eine rein biologische Funktion reduziert hat und nicht nur jeder politischen, sondern auch menschlichen Dimension verlustig gegangen ist. Eine Gesellschaft, die im ständigen Ausnahmezustand lebt, kann keine freie Gesellschaft sein. Wir leben in der Tat in einer Gesellschaft, die die Freiheit zugunsten der sogenannten Sicherheitsgründe geopfert und sich selber dazu verurteilt hat, in einem ständigen Angst- und Unsicherheitszustand zu leben.

Inwiefern kann man heute von einer »biopolitischen« Krise sprechen?

Die moderne Politik ist ausnahmslos eine Biopolitik, bei der letztlich das reine biologische Leben auf dem Spiel steht. Das Neue besteht darin, dass die Gesundheit zu einer Pflicht geworden ist, die alle um jeden Preis zu erfüllen haben.

Und dies, weil das Problem nicht die Schwere der Erkrankung ist, sondern der daraus hervorgehende ethische und politische Zusammenbruch?

Die Angst macht viele Dinge sichtbar, die man sich für gewöhnlich zu sehen weigert. Zuerst einmal die Tatsache, dass unsere Gesellschaft an nichts mehr glaubt außer an das nackte Leben. Es ist offensichtlich, dass die Italiener angesichts der Gefahr, sich mit dem Virus anzustecken, praktisch alles zu opfern bereit sind: die normalen Lebensbedingungen, die sozialen Beziehungen, die Arbeit, sogar die Freundschaften, die Gefühle, die religiösen und politischen Überzeugungen.

Das nackte Leben ist nicht etwas, was die Menschen verbindet, sondern etwas, was sie trennt und blind macht. Die anderen Menschen werden plötzlich – wie im Fall der großen Mailänder Pest in Manzonis *Die Brautleute* – zu »Salbern«, zu denen man einen Sicherheitsabstand von mindestens einem Meter einhalten muss und die sanktioniert werden, wenn sie anderen zu nahe kommen. Auch die Toten – und das ist barbarisch – haben kein Anrecht auf eine Beerdigung, und es ist nicht klar, was mit den Leichnamen geschieht. Der Mitmensch existiert nicht mehr, und es ist erschütternd, dass die zwei Kirchen, die den Westen zu dominieren schienen – das Christentum als Religion Christi und der Kapitalismus als Religion des Geldes –, hierzu schweigen. Was wird aus den menschlichen Beziehungen in einem Land, das sich daran gewöhnt, auf unabsehbare Zeit so zu leben? Und was ist das für eine Gesellschaft, die an nichts anderes mehr glaubt, als an das eigene Überleben?

Es ist entmutigend zuzusehen, wie eine ganze Gesellschaft angesichts einer gesundheitlichen Gefahr ungewissen Ausmaßes bereit ist, ihre ethischen und politischen Prinzipien über Bord zu werfen. Nach dieser Krise wird es, glaube ich, nicht mehr möglich sein, zum normalen Leben zurückkehren.

Wie wird dann Ihrer Meinung nach die Welt nach der Krise aussehen?

Ich finde nicht nur die Gegenwart besorgniserregend, sondern auch das, was danach kommen wird. So wie die vergangenen Kriege uns eine Reihe unheilvoller Technologien hinterlassen haben, so werden sehr wahrscheinlich auch nach dem Gesundheitsnotstand die Experimente fortgesetzt, die die Regierungen vorher nicht durchzuführen vermochten: Die Universitäten werden schließen und die Lehre wird nur noch online stattfindet; man wird aufhören, sich zu versammeln, um über politische und kulturelle Angelegenheiten zu reden, und digitale Geräte werden möglichst jeden menschlichen Kontakt (und jede Ansteckung) ersetzen.

7. SOZIALE DISTANZIERUNG

6. April 2020[*]

> Es ist ungewiss, ob der Tod uns erwartet;
> erwarten wir ihn überall! Die Besinnung auf
> den Tod ist Besinnung auf die Freiheit. Wer
> sterben gelernt hat, hat das Dienen verlernt.
> Die Kunst zu sterben befreit uns von aller
> Unterwürfigkeit und allem Zwang.
>
> Michel de Montaigne

Die Geschichte lehrt uns, dass jedes soziale Phänomen politische Implikationen hat oder jedenfalls
haben kann. Deshalb ist es angezeigt, den neuen
Begriff aufmerksam zu beobachten, der eben ins
politische Lexikon des Westens Einzug fand: Social
Distancing, soziale Distanzierung. Obwohl der
Begriff wohl als Euphemismus geprägt wurde, um
das grausame Wort »Abgrenzung« zu vermeiden,
muss man sich fragen, worin eine politische Ordnung bestehen könnte, die sich darauf gründet.

------

[*] Dieser Text ist in leicht abgeänderter Form in der
»Neuen Zürcher Zeitung« vom 7. April 2020 erschienen.
Übersetzung von René Scheu.

Dies ist umso dringlicher, als es sich nicht nur um eine rein theoretische Hypothese handelt. Jeder Notstand – diesmal ist es der gesundheitliche – ist immer auch ein Labor, in dem neue politische und soziale Ordnungen ausprobiert werden, die auf die Menschheit erst noch warten.

Natürlich gibt es wie immer die törichten Menschen, die dazu aufrufen, einer solchen Situation rundweg Positives abzugewinnen. Es darf dann kein Hinweis darauf fehlen, dass die neuen digitalen Technologien seit geraumer Zeit glücklicherweise eine Fernkommunikation erlauben. Ich glaube indes nicht, dass eine Gemeinschaft, die sich auf das Social Distancing gründet, menschlich und politisch erträglich wäre. Doch welche Perspektive man auch einnehmen mag, es scheint mir wichtig, dass wir über dieses Thema nachdenken.

Eine erste Überlegung betrifft das wirklich einzigartige Wesen des Phänomens, das die Maßnahmen des Social Distancing hervorgebracht haben. Elias Canetti definiert in seinem Meisterwerk *Masse und Macht* die Masse, auf der sich die Macht gründet, durch die Außerkraftsetzung der Furcht davor, berührt zu werden.

Während sich Menschen für gewöhnlich davor fürchten, von Fremden berührt zu werden, und alle Distanzen, die die Menschen um sich herum errichten, letztlich aus dieser Furcht hervorgehen, so ist die Masse die einzige Situation, in der sich diese Angst in ihr Gegenteil verkehrt.

Es ist die Masse allein, in der der Mensch von dieser Berührungsfurcht erlöst werden kann. [...] Sobald man sich der Masse einmal überlassen hat, fürchtet man ihre Berührung nicht. [...] Wer immer einen bedrängt, ist das Gleiche wie man selbst. Es geht dann alles plötzlich wie innerhalb eines Körpers vor sich. [...] Dieses Umschlagen der Berührungsfurcht gehört zur Masse. Die Erleichterung, die sich in ihr verbreitet, erreicht ein auffallend hohes Maß in ihrer größten Dichte.

Ich weiß nicht, was Canetti über die neue Phänomenologie der Masse gedacht hätte, mit der wir uns nun konfrontiert sehen. Was die Maßnahmen der sozialen Distanzierung und der Panik geschaffen haben, ist gewiss eine Masse – aber eine sozusagen verkehrte Masse, die aus Individuen gebildet wird, die sich um jeden Preis wechselseitig auf Distanz halten. Eine nicht dichte, sondern verdünnte Masse, die dennoch eine Masse bleibt, wenn diese, wie Canetti kurz darauf präzisiert, durch ihre Kompaktheit und ihre Passivität definiert wird, in dem Sinne, dass »ihr eine wirklich freie Bewegung gar nicht möglich wäre. [...] Die stockende Masse wartet. Sie wartet auf einen Kopf, der ihr gezeigt werden soll.«

Individuen auf Distanz könne Keine Gruppen- dynamik entwickeln

Einige Kapitel weiter beschreibt Canetti die Masse, die sich vermittels eines Verbots bildet:

»*Viel zusammen wollen* nicht *mehr tun, was sie bis dahin als Einzelne getan haben. Das Verbot ist plötzlich; sie erlegen es sich selber auf. [...] Auf jeden Fall schlägt es mit der größten Kraft ein. Es hat die Unbedingtheit eines Befehls, doch entscheidend an ihm ist sein negativer Charakter.*«

Es ist wichtig, sich die Pointe nicht entgehen zu lassen: Eine Gemeinschaft, die sich auf Social Distancing gründet, kann niemals – wie man naiv zunächst glauben könnte – mit einem auf die Spitze getriebenen Individualismus zu tun haben.

Im Gegenteil wäre sie – oder ist sie tatsächlich, wie wir gerade beobachten – eine verdünnte, auf einem Verbot gegründete Masse, die gerade deswegen besonders kompakt und passiv ist.

8. EINE FRAGE

13. April 2020[*]

> Auch sonst war die Pest für Athen der Anfang
> der Sittenlosigkeit ... Sich im Voraus um ein
> edles Ziel abzumühen, war niemand bereit,
> schien es ihm doch unsicher, ob er nicht, ehe er
> es erreicht, schon ums Leben gekommen sei.
> (Thukydides, Der Peloponnesische Krieg, II,53)

Ich möchte mit denjenigen, die Lust dazu haben,
eine Frage teilen, über die ich seit einem Monat
unablässig nachdenke. Wie konnte es geschehen,
dass ein ganzes Land im Angesicht einer Krankheit
ethisch und politisch zusammenbrach, ohne dass
man dies bemerkte? Die Worte, die ich gebrauche,
um diese Frage zu formulieren, habe ich sorgsam
gewählt. Das Maß für die Absage an die eigenen
ethischen und politischen Prinzipien ist in der Tat
sehr einfach zu finden. Es geht darum, sich zu fragen: Wo ist die Grenze, jenseits deren man nicht

---

[*] Dieser Text ist in leicht abgeänderter Form in der
»Neuen Zürcher Zeitung« vom 7. April 2020 erschienen.
Übersetzung von René Scheu.

51

bereit ist, auf diese grundlegenden Prinzipien zu verzichten?

Ich denke, der Leser, der sich anschickt, über die folgenden Punkte nachzudenken, kann nicht anders als zuzustimmen, dass die Schwelle, welche die Menschlichkeit von der Barbarei trennt, überschritten wurde. Und zwar, ohne dass man dies bemerkt hätte oder indem man so tat, als würde man es nicht bemerken.

1) Der erste und vielleicht schwerwiegendste Punkt betrifft die Körper der toten Personen. Wie konnten wir nur im Namen eines nicht näher zu bestimmenden *Risikos* hinnehmen, dass die uns lieben Menschen und überhaupt andere Menschen nicht nur einsam sterben mussten, sondern dass ihre Leichen verbrannt wurden, ohne bestattet zu werden? Dies ist in der Geschichte von der mythischen griechischen Königstochter Antigone bis heute nie geschehen.

2) Wir Italiener haben bedenkenlos hingenommen, wiederum nur im Namen eines nicht näher zu bestimmenden *Risikos*, dass unsere Bewegungsfreiheit in einem Ausmaß eingeschränkt wurde,

wie dies zuvor nie in unserem Land geschah, nicht einmal während der beiden Weltkriege (die Ausgangssperre galt damals nur für bestimmte Stunden). Wir haben also hingenommen, im Namen eines nicht näher zu bestimmenden *Risikos* die Pflege unserer Freundschafts- und Liebesbeziehungen einzustellen, weil unser Nächster zu einer *möglichen* Ansteckungsquelle wurde.

3) Dies konnte geschehen – und hier berühren wir die Wurzel des Phänomens –, weil wir die Einheit unserer Lebenserfahrung, die immer zugleich körperlich und geistig ist, in eine bloß biologische Einheit einerseits und in ein affektives und kulturelles Leben anderseits aufgespalten haben. Ivan Illich hat gezeigt und David Cayley hat zuletzt daran erinnert, welche Verantwortung der modernen Medizin in dieser Spaltung zukommt. Sie scheint sich von selbst zu verstehen, in Wirklichkeit ist sie aber die größte aller Abstraktionen. Ich weiß, dass diese Abstraktion von der modernen Wissenschaft durch Wiederbelebungsapparate erreicht wurde, die einen Körper in einem Zustand des vegetativen Lebens zu erhalten vermögen.

Aber wenn sich dieser Zustand – diese Bedingung – über die ihm eigenen räumlichen und zeitlichen Grenzen hinaus ausdehnt, wie man dies heute zu tun versucht, und wenn er zu einer Art Prinzip des sozialen Verhaltens wird, dann gerät man in Widersprüche, aus denen es keinen Ausweg gibt.

Ich weiß, dass nun manche gleich antworten werden, beim derzeit geltenden Regime handle es sich um einen zeitlich begrenzten Zustand, nach dessen Ablaufen alles wieder sein werde wie zuvor. Es ist wirklich einmalig, dass man dies – wohl wider besseres Wissen – dauernd wiederholt. Denn dieselben Behörden, die den Notstand ausgerufen haben, erinnern uns ständig daran, dass dieselben Weisungen auch nach dem Ende des Notstands zu befolgen seien und dass das Social Distancing – wie man es mit einem verräterischen Euphemismus nennt – das neue Organisationsprinzip der Gesellschaft darstelle. Und dass das, was man – guten Glaubens oder wider besseres Wissen – zu ertragen akzeptiert hat, nicht rückgängig gemacht werden könne.

Da ich an die Verantwortung von uns allen erinnert habe, komme ich hier nicht umhin, die noch wesentlichere Verantwortung derjenigen zu erwähnen, die die Aufgabe gehabt hätten, über die Würde des Menschen zu wachen. Vor allem die Kirche, die – indem sie sich zur Magd der Wissenschaft gemacht hat, der neuen Religion unserer Zeit – ihre wesentlichen Prinzipien radikal verleugnet. Die Kirche unter einem Papst Franziskus hat vergessen, dass Franziskus die Leprakranken umarmte. Sie hat vergessen, dass eines der Werke der Barmherzigkeit darin besteht, die Kranken zu besuchen. Sie hat vergessen, dass die Martyrien die Bereitschaft lehren, eher das Leben als den Glauben zu opfern, und dass auf den Nächsten zu verzichten bedeutet, auf den Glauben zu verzichten.

Eine andere Kategorie von Leuten, die ihren Aufgaben nicht mehr gerecht zu werden vermögen, sind die Juristen. Wir sind seit geraumer Zeit an den leichtfertigen Gebrauch von Notverordnungen gewöhnt, durch die sich die Exekutivgewalt de facto an die Stelle der Legislativgewalt setzt und damit jenes Prinzip der Gewaltenteilung aushebelt, das die Demokratie definiert. Doch in diesem Fall wurde jede Grenze überschritten, und man hat den Eindruck, dass die Worte des Ministerpräsidenten und des Chefs des Zivilschutzes unmittelbare Gesetzeskraft haben, wie man dies einst von den Worten des »Führers« sagte. Es bleibt unverständlich, wie – nach Ablauf der zeitlichen Gültigkeit der Notstandsverordnungen – die Einschränkungen der Freiheit wie angekündigt aufrechterhalten werden sollen. Mit welchen juristischen Mitteln? Mit einem ständigen Ausnahmezustand? Es ist die Aufgabe der Juristen, darüber zu wachen, dass die Regeln der Verfassung eingehalten werden, doch die Juristen schweigen. *Quare siletis iuristae in munere vestro?* (Warum schweigt ihr, Juristen, wenn es um eure Aufgabe geht?)

Ich weiß, dass es immer Leute geben wird, die mir widersprechen und antworten werden: Das durchaus schwere Opfer sei im Namen moralischer Prinzipien dargebracht worden. Sie möchte ich daran erinnern, dass Adolf Eichmann – offensichtlich in gutem Glauben – nicht zu wiederholen aufhörte, dass er, was er getan hatte, aufgrund seines

Gewissens getan habe, um dem zu genügen, was er für die Gebote der kantischen Moral hielt. Eine Norm, die besagt, dass man auf das Gute verzichten müsse, um das Gute zu retten, ist ebenso falsch wie die, welche verlangt, dass man auf die Freiheit verzichten müsse, um die Freiheit zu retten.

9. DAS NACKTE LEBEN

Interview mit Ivar Ekman auf Sveriges Radio
(öffentlicher schwedischer Radiosender)
19. April 2020

Deuten die derzeitigen Einschränkungen des sozi-
alen Lebens auf einen dauerhaften Ausnahmezu-
stand hin? Gehen Sie davon aus, dass die Maßnah-
men auch nach dem Ende des Notstands in Kraft
bleiben werden?

Wie die Geschichte des 20. Jahrhunderts, insbesondere die Machergreifung durch die Nationalso-
zialisten, sehr deutlich zeigt, ist der Ausnahmezustand jener Mechanismus, der den Übergang von
der Demokratie zum totalitären Staat ermöglicht.
In meinem Land, aber auch in anderen Ländern,
ist der Ausnahmezustand seit geraumer Zeit zur
normalen Regierungstechnik geworden. Durch
die Praxis der Notverordnungen hat sich die Exekutivgewalt an die Stelle der Legislativgewalt
gesetzt und damit jenes Prinzip der Gewaltenteilung ausgehebelt, das die Demokratie definiert.

Noch nie in der Geschichte – auch nicht während des Faschismus und der beiden Weltkriege – hatten die Freiheitseinschränkungen ein solches Ausmaß angenommen. Nicht nur werden die Menschen in ihren Häusern isoliert, aller sozialen Beziehungen beraubt und auf das rein biologische Überleben reduziert, sondern macht die Barbarei auch vor den Toten nicht halt: Die Verstorbenen haben nun kein Anrecht auf eine Bestattung, ihre Körper werden verbrannt. Ich weiß, dass manche gleich antworten werden, beim derzeit geltenden Regime handle es sich um einen zeitlich begrenzten Zustand, nach dessen Ablaufen alles wieder sein werde wie zuvor. Es ist wirklich einmalig, dass man dies – wohl wider besseres Wissen – dauernd wiederholt. Denn dieselben Behörden, die den Notstand ausgerufen haben, erinnern uns unablässig daran, dass die jetzigen Weisungen auch nach dem Ende des Notstands zu befolgen seien und dass das Social Distancing – wie man es mit einem vielsagenden Euphemismus nennt – das neue Organisationsprinzip der Gesellschaft darstelle.

Können Sie den Begriff des »nackten Lebens« und seinen Zusammenhang mit den aktuellen Ereignissen näher erklären?

Sie fragen mich, was das »nackte Leben« sei. Der Punkt ist, dass es so weit kommen konnte, weil wir die Einheit unserer Lebenserfahrung, die immer zugleich körperlich und geistig ist, in eine bloß biologische Einheit (das nackte Leben) einerseits und in ein affektives und kulturelles Leben anderseits aufgespalten haben. Ivan Illich hat gezeigt, welche Verantwortung der modernen Medizin in dieser Spaltung zukommt. Sie scheint sich von selbst zu verstehen, in Wirklichkeit ist sie aber die größte aller Abstraktionen. Ich weiß, dass diese Abstraktion von der modernen Wissenschaft durch Wiederbelebungsapparate erreicht wurde, die einen Körper in einem Zustand des vegetativen Lebens zu erhalten vermögen. Aber wenn sich dieser Zustand – diese Bedingung – über die ihm eigenen räumlichen und zeitlichen Grenzen hinaus ausdehnt, wie man dies heute zu tun versucht, und wenn er zu einer Art Prinzip des sozialen Verhaltens wird, dann gerät man in Widersprüche, aus denen es keinen Ausweg gibt. Es ist überflüssig zu erwähnen, dass es nur einen anderen Ort gab, an dem die Menschen auf ihre rein vegetative Substanz reduziert wurden, und das waren die nationalsozialistischen Konzentrationslager.

Sie gehören zu einer Bevölkerungsgruppe, in der die Mortalitätsrate im zweistelligen Bereich liegt, zwischen zehn und zwanzig Prozent. Fürchten Sie den Kontakt mit anderen Menschen? Sollte die Angst unser Verhalten beeinflussen, auch abseits der behördlich angeordneten Regeln?

Das Ansteckungsrisiko, das die vielen Freiheitseinschränkung begründen soll, wurde zu keinem Zeitpunkt genau angegeben. Es werden zwar Daten veröffentlicht, aber die Erklärungen dazu sind absichtlich vage formuliert. Die Zahlen werden nicht analysiert, d.h. sie werden nicht in Beziehung zur jährlichen Sterberate und zu den ermittelten Todesursachen gesetzt, wie es eine unvoreingenommene wissenschaftliche Vorgehensweise verlangen würde. Ich werde Ihre Frage dennoch mit einem Zitat von Montaigne antworten: »Es ist ungewiss, ob der Tod uns erwartet; erwarten wir ihn überall! Die Besinnung auf den Tod ist Besinnung auf die Freiheit. Wer sterben gelernt hat, hat das Dienen verlernt. Die Kunst zu sterben befreit uns von aller Unterwürfigkeit und allem Zwang.«

Die Reaktionen der Politik auf das Virus sind nicht einheitlich, wie die vielen Spielarten des Ausnahmezustands zeigen. Alltag und Bewegungsfreiheit werden nach unterschiedlichen Mustern eingeschränkt, wobei die Unterschiede nicht nur zwischen Ländern, sondern teils auch innerhalb der einzelnen Länder zu beobachten sind. In Schweden erfolgen die meisten Einschränkungen auf freiwilliger Basis; unser Premierminister ist überzeugt, dass uns der gesunde Menschenverstand leiten soll (er verwendet dafür das Wort »folkvett«, das so viel bedeutet wie »Volkssinn, Bürgersinn«). Die Menschen können sich selbst beschränken. Dennoch hört man hier – und noch mehr in den benachbarten Ländern, die strengere Regeln beschlossen haben – viele kritische Stimmen: Der politischen Führung des Landes wird Unverantwortlichkeit vorgeworfen, als ließen sich

die Menschen nur durch Verordnungen und Poli-
zeieinsätze zur Einsicht bringen. Dies ist nur ein
Beispiel, aber glauben Sie, dass man der aktuellen
Bedrohung sinnvoll, sprich abseits der Dichotomie
»Tod oder Diktatur« entgegenwirken kann?

Wie Menschen in den kommenden Jahren regiert
werden, darüber kann man nur spekulieren. Das,
was sich aus den laufenden Experimenten ableiten
lässt, ist dennoch alles andere als beruhigend. Italien, wie sich bereits zur Zeit des Terrorismus in
den 1970er und 1980er Jahren zeigte, ist eine Art
politisches Labor, in dem neue Regierungstechno-
logien ausgeprobt werden. Das Land bildet auch
heute – wenig verwunderlich – die Speerspitze in
der Entwicklung einer Regierungstechnologie, bei
der im Namen der öffentlichen Gesundheit Lebensbedingungen durchgesetzt werden, die mit der
Ausübung jeglicher politischen Tätigkeit unvereinbar sind. Italien ist stets kurz davor, in den Faschismus zurückzufallen. Die Zeichen mehren sich,
dass wir es nicht nur mit einer Gefahr, sondern
mit etwas Realem zu tun haben: Es genügt, daran
zu erinnern, dass die italienische Regierung einen

Ausschuss ins Leben gerufen hat, der bestimmen kann, welche Nachrichten als wahr und welche als falsch zu gelten haben. Was meine Person betrifft, weigern sich die wichtigen italienischen Tageszeitungen, meine Meinungen zu veröffentlichen.

10. NEUE ÜBERLEGUNGEN
»Neue Zürcher Zeitung«, 27. April 2020[*]

Von verschiedener Seite hört man die Vermutung, dass wir gerade das Ende der Welt erleben – genauer: der Welt der bürgerlichen Demokratie, die auf den Grundrechten, den Parlamenten und der Gewaltenteilung gründet. Diese Demokratie überlässt demnach ihren Platz einem neuen Despotismus, der hinsichtlich der Allgegenwart seiner Kontrollen und des abrupten Endes jedweder politischen Aktivität schlimmer sein könnte oder dürfte als die totalitären Systeme, die wir bisher kannten. Die amerikanischen Politologen sprechen vom *Security State*, also von einem Staat, in dem aus Sicherheitsgründen (im vorliegenden Fall aus Gründen der öffentlichen Gesundheit, eines Begriffs, der an die berüchtigten »Comités de salut

---

[*] Dieser Beitrag greift den Text eines Interviews mit der Tageszeitung »La Verità« vom 21. April 2020 wieder auf und setzt dessen Überlegungen fort. Deutsche Übersetzung von René Scheu.

public« – die Wohlfahrtsausschüsse – während des Terrors der Französischen Revolution erinnert) die Freiheitsrechte nach Belieben eingeschränkt werden können. In Italien sind wir seit geraumer Zeit an eine Gesetzgebung gewöhnt, die durch Notverordnungen der Exekutivgewalt erfolgt. Die Exekutive ersetzt zunehmend die Legislative und schafft de facto das Prinzip der Gewaltenteilung ab, auf der die Demokratie beruht. Und die Kontrolle, die durch Videokameras und neuerdings durch Smartphones ausgeübt wird, übertrifft in ihren technischen Möglichkeiten die von den totalitären Regimen des 20. Jahrhunderts praktizierten Kontrollarten bei weitem.

Aber auch sonst liegt vieles im Argen. Man muss die Art und Weise infrage stellen, in der die Zahlen über Todesfälle und Ansteckungen im Zusammenhang mit der Corona-Pandemie kommuniziert werden, wenigstens was Italien angeht. Jeder, der ein wenig Ahnung von Wissenschaftstheorie hat, muss ziemlich erstaunt sein angesichts des Umstands, dass die Medien in all diesen Monaten Zahlen ohne irgendein Kriterium der Wissenschaftlichkeit verbreitet haben. Sie setzen sie nicht nur nicht in Beziehung zur jährlichen Sterblichkeit im selben Zeitraum, sie geben nicht einmal die genaue Ursache des Todesfalls an. Ich bin kein Virologe und auch kein Arzt. Darum beschränke ich mich darauf, wörtlich aus offiziellen Quellen zu zitieren, die gewiss verlässlich sind. 23.000 Tote infolge von Covid-19 scheinen und sind auch gewiss eine eindrückliche Zahl. Wenn man sie jedoch mit den statistischen Jahresdaten vergleicht, so nehmen die Dinge eine andere Färbung an. Der Präsident des italienischen Statistikamts ISTAT, Gian Carlo Blangiardo, hat vor einigen Wochen die Zahlen zur Sterblichkeit im vergangenen Jahr präsentiert: 647.000 Tote (also 1.772 Todesfälle pro Tag).

Wer die Ursachen im Detail analysiert, der sieht, dass die letzten verfügbaren Zahlen aus dem Jahre 2017 230.000 Menschen aufführen, die an Herz-Kreislauf-Erkrankungen starben; 180.000 starben an einem Tumor, mindestens 53.000 an Atemwegserkrankungen. Doch ein Punkt ist besonders wichtig und betrifft uns direkt. Ich zitiere die Worte aus einem Interview, das Blangiardo am 2.

April 2020 der Zeitung »Avvenire« gab: »Im März 2019 sind 15.189 Menschen an Atemwegserkrankungen gestorben, und im Jahr zuvor waren es 16.220. Nebenbei bemerkt zeichnet sich ab, dass dies mehr sind als die entsprechende Zahl der Todesfälle infolge von Covid-19, die im März 2020 verzeichnet wurde (12.352).« Wenn dies stimmt, und wir haben keinen Grund, daran zu zweifeln (ohne dass wir deshalb die Bedeutung der Pandemie herabsetzen sollten), so müssen wir uns fragen, ob die Pandemie Maßnahmen zur Einschränkung unserer Freiheit rechtfertigen kann, wie sie in der Geschichte Italiens noch nie ergriffen wurden, nicht einmal während der beiden Weltkriege. Ja es entsteht vielmehr der legitime Zweifel – jedenfalls was mein Land betrifft –, dass auch darum Angst verbreitet wird und die Leute in ihren Häusern isoliert werden, weil man die schwerwiegenden Verantwortlichkeiten bzw. Versäumnisse der verschiedenen Regierungen auf die Bevölkerung abwälzen will. Denn zuerst haben die Politiker das öffentliche Gesundheitswesen abgebaut und jüngst in der Lombardei eine Reihe nicht weniger schlimmer

Fehler in der Bekämpfung der Pandemie begangen. Was den Rest der Welt betrifft, so hat wohl jeder Staat unterschiedliche Formen, wie er die Daten der Epidemie für seine Zwecke nutzt und sie nach den eigenen Bedürfnissen aufbereitet. Die reale Dimension der Pandemie wird man nur ermessen können, wenn man jedes Mal die kommunizierten Daten in Beziehung zu den statistischen Daten über die jährliche Sterblichkeit setzt, aufgeschlüsselt nach Krankheit.

Unabhängig davon haben die Ärzte und Virologen in der Regierung der Pandemie eine neue Funktion erhalten. Der griechische Begriff »epidemia« (von »demos«, dem Volk als politische Entität) hat eine unmittelbare politische Bedeutung. Umso gefährlicher ist es, Ärzten und Wissenschaftlern Entscheidungen zu überlassen, die zuletzt ethischer und politischer Natur sind. Die Wissenschaftler verfolgen in bester Absicht ihre Räson, die sie mit dem Interesse der Wissenschaft gleichsetzen und in deren Namen sie bereit sind – die Geschichte zeigt es zur Genüge –, jedweden Skrupel moralischer Art beiseitezuwischen. Ich brauche nicht daran zu erinnern, dass im Nationalsozialismus angesehene Wissenschaftler das eugenische Programm der Regimes leiteten. Sie schreckten auch nicht davor zurück, die Konzentrationslager für die Durchführung letaler Experimente auszunutzen, die sie als förderlich für den wissenschaftlichen Fortschritt und die Behandlung deutscher Soldaten erachteten. Im vorliegenden Fall ist das Treiben insofern besonders bedenklich, als in Wirklichkeit – und die Medien blenden dies aus – unter den Wissenschaftlern gar keine Einigkeit besteht. Einige der renommiertesten unter ihnen – wie Didier Raoult, der wohl wichtigste Infektiologe Frankreichs – haben Meinungen über die Bedeutung der Pandemie und die Wirksamkeit der Isolationsmaßnahmen, die vom herrschenden Dogma abweichen. Die Isolationsmaßnahmen nannte Raoult in einem Interview jedenfalls einen mittelalterlichen Aberglauben. Ich habe an anderer Stelle geschrieben, dass die Wissenschaft zur Religion unserer Zeit geworden sei. Die Analogie mit der Religion muss dabei buchstäblich verstanden werden: Die Theologen erklärten einst, nicht mit Klarheit definieren zu können, was Gott ist, aber in seinem Namen diktierten sie den Menschen Verhaltensregeln und zögerten nicht, die Abtrünnigen zu verbrennen. Die Virologen geben heute zu, nicht genau zu wissen, was ein Virus ist, aber in seinem Namen erheben sie den Anspruch zu entscheiden, wie die Menschen leben sollen.

Wenn wir die unmittelbare Aktualität hinter uns lassen und die Dinge vom Standpunkt des Schicksals der menschlichen Gattung auf der Erde zu betrachten versuchen, so kommen die Überlegungen des großen niederländischen Wissenschaftlers Louis Bolk in den Sinn. Laut Bolk zeichnet sich die menschliche Spezies dadurch aus, dass sich die natürlichen Lebensprozesse der Anpassung an die Umwelt langsam abschwächen. In der Moderne werden sie von einem hypertrophen Wachstum technischer Apparaturen ersetzt, die die Umwelt an den Menschen anpassen. Wenn dieser Prozess eine bestimmte Grenze überschreitet, erreicht er womöglich einen Punkt, an dem er sich gegen sich selbst wendet und zu einer Selbstzerstörung der Spezies führt. Phänomene wie jene, die wir gerade erleben, scheinen mir anzuzeigen, dass wir diesen Punkt erreicht haben könnten. Fest steht jedenfalls: Die Medizin, die unsere Leiden lindern sollte, läuft Gefahr, noch größere Leiden zu schaffen.

11. DIE WAHRHEIT UND DIE LÜGE

28. April 2020

Wie es zu erwarten war, sieht auch die sogenannte Phase 2* – erneut mittels Regierungsverordnung – Eingriffe in Freiheitsrechte vor, die laut Verfassung nur durch formelle Gesetze beschlossen werden dürfen. Genauso wichtig erscheint mir aber die Einschränkung eines Menschenrechts, das in keiner staatlichen Verfassung verankert ist: das Recht auf Wahrheit, eine Antwort auf das Bedürfnis nach einem wahren Wort.

Was wir derzeit erleben, ist nicht nur eine bislang unerhörte Manipulation der individuellen Freiheiten, sondern auch – und grundlegender – die universelle Falsifizierung der Wahrheit. Wenn so viele Menschen bedenkenlos akzeptieren, ihre persönliche Freiheit einzuschränken, dann deshalb,

---

* Mit »Phase 2« bezeichnet man in Italien die mittels Regierungsverordnung vom 26. April 2020 beschlossene Lockerung der Sicherheitsmaßnahmen zur Eindämmung der Covid-19-Epidemie [A.d.Ü.].

weil sie die von den Medien gelieferten Daten und Meinungen unkritisch übernehmen. Die Werbung hat uns seit geraumer Zeit an Diskurse gewöhnt, die so wirkungsvoll sind, weil sie keinen Anspruch auf Wahrheit erheben. Auch der politische Konsens entspringt keiner tiefen Überzeugung mehr, denn die Wählerinnen und Wähler setzen als selbstverständlich voraus, dass bei Wahlkampfreden die Wahrheit gar keine Rolle mehr spielt. Was vor unseren Augen geschieht, ist allerdings etwas Neues, denn bei der Wahrheit oder der Unwahrheit der Diskurse, die wir passiv hinnehmen, geht es diesmal um unser ganzes Leben, um unsere tägliche Existenz. Umso notwendiger ist es, die Informationen, die uns angeboten werden, einer grundlegenden Überprüfung zu unterziehen.

Ich habe – wie viele andere auch – darauf hingewiesen, dass die Daten über die Epidemie, die derzeit verbreitet werden, äußerst ungenau seien und jegliches Kriterium der Wissenschaftlichkeit vermissen ließen. Aus epistemologischer Sicht ist es beispielsweise naheliegend, dass die Zahl der Todesfälle keine sinnvolle Information liefern kann, wenn sie nicht mit der Sterblichkeit im selben Zeitraum des Vorjahres und mit den tatsächlichen Todesursachen in Verhältnis gesetzt wird. Genau das passiert aber jeden Tag, und niemand scheint es zu bemerken. Dies ist umso erstaunlicher, wenn man bedenkt, dass die Daten, die eine Überprüfung ermöglichen würden, vorhanden sind und jedem zur Verfügung stehen, der es der Mühe wert findet, sie zu suchen. Als Beispiel diene hier der von mir bereits zitierte Bericht von Gian Carlo Blangiardo, dem Präsidenten des italienischen Statistikamts ISTAT. Das Dokument zeigt, dass die Zahl der Todesfälle infolge von Covid-19 niedriger ist als die entsprechende Zahl der Todesfälle aufgrund von Atemwegerkrankungen im selben Zeitraum der zwei vorangehenden Jahre. Der Zusammenhang zwischen diesen Daten leuchtet ein, wird aber willentlich ignoriert. Missachtet wird auch die Tatsache, dass die Zahl der an Covid-19 Verstorbenen die positiv getesteten Patienten einschließt, die etwa an einem Herzinfarkt oder an einer anderen Erkrankung gestorben sind. Warum wird ausgewiesenen Unwahrheiten Glauben geschenkt?

Man würde fast meinen, dass die Lüge für wahr gehalten wird, weil sie – genau wie die Werbung – keinen Hehl aus ihrer Unwahrheit macht. Wie der Erste Weltkrieg kann sich auch der Krieg gegen das Virus nur durch trügerische Argumente rechtfertigen.

Die Menschheit tritt in eine Phase ihrer Geschichte ein, in der die Wahrheit auf ein Moment in der Entwicklung des Falschen reduziert wird. Als wahr gilt demnach der falsche Diskurs, der auch dann für wahr gehalten wird, wenn sich seine Wahrheit nicht beweisen lässt. Für die Menschen bedeutet dies, dass ihnen die Sprache als Ort der Offenbarung der Wahrheit entzogen wird. Ihnen bleibt nichts anderes übrig, als der wahren (da realen) Entwicklung der Lüge stumm zuzusehen. Dieser Entwicklung kann nur dann Einhalt geboten werden, wenn jeder von uns bereit ist, mutig und kompromisslos nach dem höchsten Gut zu suchen: einem wahren Wort.

12. DIE MEDIZIN ALS RELIGION

2. Mai 2020[*]

Die Wissenschaft ist zur Religion unserer Zeit geworden, und die Menschen glauben, an sie zu glauben – das ist seit langem offensichtlich. Im modernen Westen koexistierten und koexistieren bis zu einem gewissen Grade weiterhin drei große Glaubenssysteme: Christentum, Kapitalismus und Wissenschaft. In der Geschichte der Moderne haben diese drei »Religionen« einander notgedrungen oftmals gekreuzt, sind dabei von Zeit zu Zeit in Konflikt geraten und haben sich dann auf verschiedene Weise versöhnt, bis sie schließlich zunehmend eine Art von friedlichem, geregeltem Zusammenleben erreichten, wenn nicht gar eine echte Zusammenarbeit im Namen gemeinsamer Interessen.

Nun zeigt sich eine neue Tatsache: Zwischen der Wissenschaft und den beiden anderen Religi-

---

[*] Dieser Text ist in leicht abgeänderter Form in der »Neuen Zürcher Zeitung« vom 14. Mai 2020 erschienen. Übersetzung von Barbara Hallensleben.

onen ist ein unterirdischer, unerbittlicher Konflikt entbrannt, ohne dass wir es bemerkt haben, und der siegreiche Ausgang für die Wissenschaft liegt heute klar vor Augen und bestimmt in beispielloser Weise alle Aspekte unseres Daseins. Bei diesem Konflikt geht es nicht, wie in der Vergangenheit, um Theorie und allgemeine Prinzipien, sondern sozusagen um die kultische Praxis. In der Tat kennt die Wissenschaft, wie jede Religion, verschiedene Formen und Ebenen, um ihre eigene Struktur zu gestalten und zu ordnen: Der Ausarbeitung einer subtilen und rigorosen Dogmatik entspricht in der Praxis eine extrem weitverzweigte kultische Sphäre, die zusammenfällt mit dem, was wir Technologie nennen.

Kein Wunder, wenn dieser neue Religionskrieg seinen Vorkämpfer in dem Teil der Wissenschaft findet, in dem man es mit der Dogmatik weniger genau nimmt und in dem der pragmatische Aspekt stärker hervortritt: in der Medizin, deren unmittelbarer Gegenstand der lebendige Körper des Menschen ist. Versuchen wir, die Wesenszüge dieses siegreichen Glaubens auszumachen, mit dem wir zunehmend rechnen müssen.

1) Das erste Zeichen: Die Medizin braucht, wie der Kapitalismus, keine besondere Dogmatik, sondern beschränkt sich bei ihren Grundbegriffen auf Anleihen aus der Biologie. Im Gegensatz zur Biologie artikuliert sie diese Begriffe jedoch in einem gnostisch-manichäischen Sinn, das heißt in einem verschärften dualistischen Gegensatz: einerseits ein Gott beziehungsweise ein bösartiges Prinzip, die Krankheit, deren besondere Wirkkräfte die Bakterien und Viren sind, und andererseits ein Gott beziehungsweise ein segensreiches Prinzip, das nicht die Gesundheit, sondern die Heilung ist, und das als seine Kultdiener die Ärzte und die Therapie hat.

Wie in jedem gnostischen Glauben sind beide Prinzipien klar voneinander getrennt, doch in der Praxis können sie sich verunreinigen, das heißt, das segensreiche Prinzip und der Arzt als sein Repräsentant können sich täuschen und unbemerkt mit ihrem Feind zusammenarbeiten, doch die Realität des Dualismus und die Notwendigkeit der Kultpraxis, durch die das Gute seinen Kampf führt, werden dadurch in keiner Weise entkräftet. Es ist symptomatisch, dass die Theologen, die dazu die Strategie festlegen müssen, die Vertreter der Virologie sind, das heißt einer Wissenschaft, die keinen eigenen Ort hat, sondern sich an der Grenze zwischen Biologie und Medizin befindet.

2) War diese kultische Praxis bisher, wie jede Liturgie, vorübergehend und zeitlich begrenzt, so sind wir nun Zeugen des unerwarteten Phänomens eines andauernden und alles durchdringenden Kultes. Es geht nicht mehr darum, Medikamente einzunehmen oder sich, wenn nötig, einer ärztlichen Untersuchung oder einer Operation zu unterziehen: Das ganze Leben muss zu jeder Zeit zum Ort einer ununterbrochenen Kultfeier werden. Der Feind, das Virus, ist immer präsent und muss unerbittlich und ununterbrochen bekämpft werden. Auch die christliche Religion kannte ähnlich totalitäre Tendenzen, doch sie betrafen nur einige Individuen – insbesondere die Mönche –, die sich dafür entschieden, ihre gesamte Existenz unter das Motto »Betet ohne Unterlass« zu stellen. Die Medizin als Religion greift dieses paulinische

Gebot auf und verkehrt es zugleich: Während die Mönche sich früher in Konventen zum gemeinsamen Gebet versammelten, muss der Gottesdienst nun ebenso eifrig, aber getrennt und auf Distanz praktiziert werden.

3) Die kultische Praxis ist nicht mehr ein freier Akt aus eigenem Antrieb, allein Sanktionen einer geistlichen Ordnung ausgesetzt, sondern muss zur verpflichtenden Norm erhoben werden. Das insgeheime Einverständnis zwischen Religion und weltlicher Macht ist sicher nichts Neues; doch nun geht es nicht mehr, wie im Fall der Häresie, um das Bekenntnis zu den Dogmen, sondern – und das ist ganz neu – ausschließlich um die Feier des Kultes. Die weltliche Macht hat dafür zu sorgen, dass die Liturgie der Religion namens Medizin, die jetzt mit dem ganzen Leben zusammenfällt, in der Praxis exakt eingehalten wird. Hier handelt es sich um eine kultische Praxis und nicht um ein rationales wissenschaftliches Erfordernis, wie unmittelbar einleuchtet. Die bei weitem häufigste Todesursache in unserem Land sind Herz-Kreislauf-Erkrankungen, und diesen könnte bekanntlich mit einer

gesünderen Lebensweise und einer bestimmten Ernährung vorgebeugt werden. Keinem Arzt wäre es jedoch in den Sinn gekommen, diese Lebens- und Ernährungsform, die er den Patienten empfiehlt, könnte Gegenstand einer Rechtsnorm werden, welche gesetzlich verordnet, was man essen und wie man leben soll, und welche die gesamte Existenz zu einer Gesundheitspflicht macht. Genau dies ist geschehen, und zumindest einstweilen haben sich die Leute damit abgefunden, als sei es selbstverständlich, auf Bewegungsfreiheit, Arbeit, Freundschaften, geliebte Menschen, soziale Beziehungen, religiöse und politische Überzeugungen zu verzichten.

Hiernach bemisst sich, wie sehr die beiden anderen Religionen des Westens, die Religion Christi und die Religion des Geldes, ihren Primat offenbar kampflos an Medizin und Wissenschaft abgetreten haben. Die Kirche hat schlicht und einfach ihre Prinzipien verleugnet und Entscheidendes vergessen: Der Heilige, dessen Namen der jetzige Pontifex angenommen hat, umarmte Leprakranke; eines der Werke der Barmherzigkeit besteht darin,

die Kranken zu besuchen; und die Sakramente können nur bei Anwesenheit gespendet werden. Der
Kapitalismus seinerseits nahm, wenn auch unter
einigem Protest, Produktivitätsverluste in Kauf, die
er nie einzukalkulieren gewagt hätte, vermutlich in
der Hoffnung, sich später mit der neuen Religion
zu einigen, die in diesem Punkt zu einem Vergleich
bereit zu sein scheint.

4) Die Religion in Gestalt der Medizin übernahm
die eschatologische Dimension vorbehaltlos aus
dem Christentum, das sie seinerseits fallengelassen
hat. Bereits der Kapitalismus, der das theologische
Paradigma der Erlösung säkularisiert hat, hatte die
Idee vom Ende der Zeit beseitigt und durch einen
permanenten Krisenzustand ohne Erlösung noch
Ende ersetzt. »Krise« ist ursprünglich ein medizi-
nischer Begriff, der im Werk des Hippokrates den
Moment bezeichnet, in dem der Arzt entschied,
ob der Patient die Krankheit überlebt. Die Theologen haben den Begriff übernommen, um auf
das Jüngste Gericht hinzuweisen, das am letzten
Tag stattfindet. Betrachtet man den Ausnahmezustand, den wir gerade erleben, zeigt sich folgendes

Bild: Die Religion namens Medizin verbindet die fortwährende Krise aus dem Kapitalismus mit der christlichen Vorstellung von einem Ende der Zeit – von einem Eschaton –, in der die äußerste Entscheidung immer ansteht und das Ende sowohl überstürzt als auch verzögert kommt, im unaufhörlichen Versuch, es zu beherrschen, ohne seiner ein für alle Mal Herr zu werden. Es ist die Religion einer Welt, die sich am Ende fühlt und doch, im Unterschied zum hippokratischen Arzt, nicht zu entscheiden vermag, ob sie überleben oder sterben wird.

5) Ebenso wie der Kapitalismus und im Gegensatz zum Christentum bietet die Religion namens Medizin keine Aussicht auf Heil und Erlösung. Im Gegenteil, die angestrebte Heilung kann nur vorübergehend sein, da der böse Gott, das Virus, nicht ein für alle Mal beseitigt werden kann; im Gegenteil, es verändert sich ständig und nimmt neue, vermutlich riskantere Formen an. Wie die Etymologie des Wortes nahelegt, ist »Epidemie« zunächst ein politischer Begriff; als solcher ist sie dabei, zum bevorzugten Terrain der Politik – oder der Nicht-

Politik – weltweit zu werden. Die Epidemie, die wir heute erleben, könnte sogar die Verwirklichung des weltweiten Bürgerkriegs darstellen, der laut den scharfsinnigsten Politologen an die Stelle der herkömmlichen Weltkriege getreten ist. Alle Nationen und alle Völker befinden sich in einem dauerhaften internen Konflikt, weil sich der unsichtbare und ungreifbare Feind, den sie bekämpfen, in ihrem Inneren versteckt.

Wie bereits vielfach im Laufe der Geschichte geschehen, müssen die Philosophen erneut in Auseinandersetzung mit der Religion treten, die nun aber nicht mehr das Christentum ist, sondern die Wissenschaft beziehungsweise der Teil davon, der die Form einer Religion angenommen hat. Ich weiß nicht, ob die Scheiterhaufen wieder lodern werden und Bücher auf den Index kommen, doch sicher wird das Denken derer, die weiterhin nach der Wahrheit suchen und die vorherrschende Irreführung verwerfen, ausgeschlossen und beschuldigt werden, Falschmeldungen zu verbreiten (Meldungen, nicht Gedanken, denn die Meldung ist wichtiger als die Realität!). Wie in allen realen oder vorgetäuschten Notsituationen werden wir wiederum erleben, wie unwissende Menschen Philosophen verleumden und wie Schurken versuchen, von dem Unglück zu profitieren, das sie selbst verursacht haben. All dies ist bereits geschehen und wird auch weiterhin geschehen, doch die für die Wahrheit Zeugnis ablegen, werden dies unaufhörlich tun, denn niemand kann anstelle des Zeugen aussagen.

11. Mai 2020

Die Reaktionen auf die Ausnahmeregelungen, die in unserem und in anderen Ländern umgesetzt wurden, verwundern vor allem angesichts ihres Unvermögens, die Maßnahmen jenseits ihrer anlassbezogenen Funktion zu betrachten. Nur wenige versuchen indes, wie es eine ernsthafte politische Analyse erfordern würde, die Fakten als Zeichen und Symptome eines breiteren Experiments zu interpretieren, bei dem ein neues Regierungsparadigma, die Menschen und Dinge gleichermaßen betrifft, auf dem Spiel steht. In einem vor sieben Jahren erschienenen Buch (*Tempêtes microbiennes*, Gallimard 2013), das es noch einmal aufmerksam zu lesen lohnt, beschreibt Patrick Zylberman den Prozess, durch den die sanitäre Sicherheit, die bislang eine marginale Rolle im politischen Kalkül gespielt hatte, zum wesentlichen Bestandteil der politischen Strategien auf staatlicher und internationaler Ebene wird. Es gehe um nicht weniger als die Schaffung eines »Gesundheitsterrors«

als Instrument zur Verwaltung des sogenannten Worst-Case-Szenarios. Gemäß dieser Logik
des schlimmsten anzunehmenden Falls hatte die
Weltgesundheitsorganisation bereits 2005 davor
gewarnt, dass die »drohende Vogelgrippe-Epidemie zwischen zwei und 150 Millionen Leben fordern könnte«, und dabei eine politische Strategie
nahegelegt, die die Mitgliedsstaaten damals nicht
bereit waren anzunehmen. Zylberman zeigt, dass
das von der WHO vorgeschlagene Dispositiv auf
drei Punkten beruhte: 1) Ausarbeitung eines fikti-
ven Szenarios auf Basis eines anzunehmenden Risikos, wobei die Daten gezielt präsentiert werden,
um ein Verhalten herbeizuführen, das die Verwaltung einer extremen Lage ermöglichen würde; 2)
Anwendung der Logik des schlimmsten anzunehmenden Falls als Leitprinzip der politischen Rati-
onalität; 3) lückenlose Reglementierung der Bevölkerung, um die größtmögliche Zustimmung zu den
Regierungsmaßnamen zu erzielen und um eine Art
überspitzten Bürgersinn zu erschaffen, bei dem die
auferlegten Pflichten als Beweis der Selbstlosigkeit
präsentiert werden und bei dem die Bürgerinnen

und Bürger kein Recht auf Gesundheit (*health safety*) haben, sondern zur Gesundheit verpflichtet werden (*biosecurity*).

Was Zylberman 2013 beschrieb, ist heute genau eingetreten. Abseits des Notfalls aufgrund eines bestimmten Virus, das irgendwann von anderen Viren abgelöst werden wird, haben wir es offensichtlich mit dem Entwurf eines neuen Regierungsparadigmas zu tun, dessen Wirksamkeit alle bisherigen Regierungsformen in der westlichen Geschichte bei weitem übersteigt. Während im fortschreitenden Niedergang der politischen Ideologien und Gesinnungen die Sicherheitsgründe bereits als Argumente dienten, um die Bürgerinnen und Bürger zu Freiheitseinschränkungen zu motivieren, die sie früher nicht hingenommen hätten, vermag es die Biosicherheit, die vollständige Einstellung jeder politischen Tätigkeit und sozialer Beziehung als höchste Form der Bürgerbeteiligung vorzustellen. Vor unseren Augen ist ein paradoxes Bild entstanden: Linksgerichtete Organisationen, die traditionell Rechte einfordern und Verfassungsverletzungen anzeigen, nahmen plötzlich

Freiheitseinschränkungen widerspruchslos an, die mittels gesetzeswidriger Regierungsverordnungen beschlossen worden waren, von denen nicht einmal der Faschismus zu träumen gewagt hätte.

Es ist offensichtlich – und die Regierung erinnert uns unaufhörlich daran –, dass die »soziale Distanzierung« zum neuen politischen Modell aufsteigen wird. Wie von den Mitgliedern einer »Task Force«* angekündigt, deren Interessenkonflikte mit ihrer Funktion unvereinbar sind, wird man die Distanzierung zum Anlass nehmen, um den menschlichen Kontakt als potenzielle (wohlgemerkt: politische) Ansteckungsquelle möglichst durch digitale Geräte zu ersetzen. Die universitäre Lehre, wie vom Bildungsministerium bereits empfohlen, wird ab dem nächsten akademischen Jahr regelmäßig online stattfinden. Man wird einan-

* Der Bezug gilt dem von der italienischen Regierung im April 2020 eingesetzten Expertenteam für die sogenannte »Phase 2« des gesundheitlichen Notstands. Das Gremium mit beratender Funktion sollte der Exekutive während der schrittweisen Wiederaufnahme der wirtschaftlichen und sozialen Tätigkeiten beistehen [A.d.Ü.].

der nicht mehr am – möglicherweise maskierten – Gesicht erkennen, sondern anhand von digitalen Geräten, die biometrische Daten verpflichtend erheben. Jede »Menschenansammlung«, sei es zu einem politischen oder freundschaftlichen Anlass, wird weiterhin verboten bleiben.

Es geht um eine umfassende Vision der zukünftigen Gesellschaft, um eine Perspektive, die in vielerlei Hinsicht die apokalyptische Vorstellung des Endes der Welt aus der im Niedergang begriffenen Religion zu übernehmen scheint. Nachdem sie die Politik ersetzt hatte, soll nun auch die Wirtschaft, um weiter regieren zu können, durch das Paradigma der Biosicherheit ergänzt werden, dem es jeden anderen Anspruch unterzuordnen gilt. Es stellt sich die legitime Frage, ob eine solche Gesellschaft fortan als menschlich zu bezeichnen sei und ob sich der Verlust des persönlichen Kontakts, des Gesichts, der Freundschaft und der Liebe durch eine abstrakte – und vermutlich gänzlich fiktive – sanitäre Sicherheit wirklich ausgleichen lassen wird.

14. POLEMOS EPIDEMIOS

*Gespräch mit Dimitra Pouliopoulou für die griechische
Zeitschrift »Babylonia«
20. Mai 2020*

*Epidemien begleiten seit jeher die Geschichte der
Menschheit. Ihre Ausbrüche gehen mit Erschütterungen im individuellen und gesellschaftlichen
Leben einher. Die jüngste Coronavirus-Epidemie
wird aber vermutlich nicht so sehr aufgrund ihrer
höheren Letalität gegenüber früheren Seuchen in
der Geschichte bleiben, sondern vielmehr wegen
der beispiellosen globalen Mobilisierung, die ihre
Bekämpfung hervorgerufen hat. Vieles wurde
bereits über die Entwicklungen nach der Krise
geschrieben. Glauben Sie, dass diese Epidemie
einen Einschnitt in der sozialen Realität markieren wird, sodass wir von einer »Zeit davor« und
einer »Zeit danach« sprechen werden?*

Ich möchte vorausschicken, dass ich mich haupt-
sächlich auf Italien beziehen werde, das Land, das
ich am besten kenne. Wir dürfen jedoch nicht ver-

gessen, dass gerade Italien ab den späten 1960er Jahren zum Labor wurde, in dem die neuen Regierungstechniken im Kampf gegen den Terrorismus entstanden. Dem Land könnte heute im Zusammenhang mit der Gesundheitskrise dieselbe Funktion zukommen.

»Epidemie« leitet sich vom griechischen Wort *demos* (Volk als politische Einheit) ab und ist zunächst ein politischer Begriff. Bei Homer bezeichnet der Ausdruck *polemos epidemios* den Bürgerkrieg. Die Epidemie, das zeigt sich deutlich, entwickelt sich heute zum bevorzugten Terrain der Politik, zum Kampfplatz eines weltweiten Bürgerkriegs – Bürgerkrieg insofern, als der Feind offensichtlich nicht außerhalb von uns, sondern in uns wohnt.

Wir erleben einen Epochenwandel in der politischen Geschichte des Westens, genauer das Ende der bürgerlichen Demokratie, deren Macht auf Verfassungen, Rechten, Parlamenten und der Gewaltenteilung beruhte. Dieses Modell befand sich seit langer Zeit in der Krise: Zur immer häufigeren Missachtung von Verfassungsprinzipien gesellte sich der zunehmende – und inzwischen ausschließliche – Einsatz von Regierungsverordnungen und somit die weitgehende Ablösung der Legislativgewalt durch die Exekutivgewalt. Mit der sogenannten Pandemie wurde ein weiterer Schritt gesetzt: Der *Security State* (der Sicherheitsstaat, mit dem die amerikanischen Politologen die Regierungstechnik bezeichnen, die auf der Terrorismusbekämpfung basiert) ist einem Regierungsparadigma – der »Biosicherheit« – gewichen, das sich auf der Gesundheit gründet. Die Biosicherheit, das ist ein wesentlicher Punkt, ist effizienter und durchdringender als alle Regierungsformen, die wir aus der Geschichte kennen. Wie wir in Italien, aber auch in anderen Ländern beobachten konnten, sind die Bürgerinnen und Bürger angesichts einer gesundheitlichen Bedrohung offenbar bereit, Freiheitseinschränkungen widerspruchslos hinzunehmen, die sie in der Vergangenheit niemals geduldet hätten. Wir sehen uns mit der paradoxen Situation konfrontiert, dass die Einstellung jeder sozialen Beziehung und politischen Tätigkeit als vorbildhafte Form der Bürgerbeteiligung präsentiert wird.

94

Ich möchte ein einziges, aussagekräftiges Beispiel anführen, um die tiefgreifende Umwandlung aller demokratischen Paradigmen im Regime der Biosicherheit zu veranschaulichen. In der bürgerlichen Demokratie wurde allen Bürgerinnen und Bürgern ein »Recht auf Gesundheit« zugesprochen. Heute schlägt dieses *Recht* um in eine gesetzliche *Verpflichtung* zur Gesundheit, die es um jeden Preis zu erfüllen gilt – und keiner scheint es zu bemerken. Wie hoch dieser Preis sein kann, ließ sich zuletzt an den unerhörten Notfallmaßnahmen ermessen, denen die Bevölkerung Folge zu leisten hatte.

Die Staaten verfügten heute über das institutionelle Instrumentarium, das sie sich im Laufe der vergangenen Krisen angeeignet hatten, und haben Politiken umgesetzt, die auf globaler Ebene bereits erprobt worden waren. Im Zuge der aktuellen Pandemie war oft von »Krieg« die Rede, während Sie bevorzugt von »Bürgerkrieg« sprechen, denn der Feind sei nicht außerhalb von uns, sondern in uns. Welche Aspekte der Quarantäne werden unser Leben auch nach der Krise prägen? Glauben

Sie, dass die Epidemie das Terrain für neue autori-
täre Dogmen bereiten könnte?

Das Paradigma der Biosicherheit ist kein vorü-
bergehendes Phänomen. Die Wirtschaft wird sich
erholen, sie hat ja ihre Tätigkeit bereits wieder
aufgenommen. Die Ausgangsbeschränkungen werden größtenteils aufgehoben werden. Was bleiben
wird, ist die »soziale Distanzierung«. Es scheint
mir wichtig, über diesen seltsamen Ausdruck nachzudenken, der zeitgleich auf der ganzen Welt auf-
getaucht ist, als wäre sein Eingang in unser Vokabular gleichsam vorbereitet gewesen. Man spricht
auch nicht von »physischer« oder »persönlicher«
Distanzierung, wie dies bei einer medizinischen
Vorrichtung normal wäre, sondern eben von »*sozialer* Distanzierung«. Man könnte es nicht deutli-
cher formulieren: Es geht um ein neues Paradigma
und Organisationsprinzip der Gesellschaft und
somit um ein grundlegend politisches Dispositiv.
Was ist aber eine Gesellschaft, die sich auf der
Distanz gründet? Darf eine solche Gesellschaft
noch als »politisch« gelten? Welche Beziehungen
können zwischen Menschen entstehen, die einen

Mindestabstand von einem Meter einhalten müssen und deren Gesichter von einer Maske verhüllt sind? Die Distanzierung konnte widerstandslos umgesetzt werden, weil sie irgendwie bereits da war. Die digitalen Geräte hatten uns seit geraumer Zeit an virtuelle Beziehungen gewöhnt. Epidemie und Technologie scheinen hier unlösbar miteinander verflochten zu sein. Es ist insofern wenig verwunderlich, dass die von der italienischen Regierung eingesetzte »Task Force« für die Phase 2 der Epidemie ausgerechnet von einem Spitzenmanager und ehemaligen CEO eines der größten Mobilfunkunternehmen geleitet wird.* Dieser hat unmittelbar nach seiner Nominierung verkündet, die Inbetriebnahme des 5G-Netzes werde dazu beitragen, die Ansteckungsmöglichkeiten (sprich den Kontakt zwischen Menschen) drastisch zu reduzieren. Die Menschen werden einander nicht mehr

---

* Der Bezug gilt Vittorio Colao, Leiter des von der italienischen Regierung im April 2020 eingesetzten Expertenteams für die sogenannte »Phase 2« des gesundheitlichen Notstands. Colao war bis 2018 CEO der Vodafone-Gruppe [A.d.Ü.].

am – womöglich maskierten – Gesicht erkennen, sondern anhand von digitalen Geräten, die biometrische Daten im Vorfeld erheben. Jede »Menschenansammlung« (ein seltsamer Ausdruck für die Zusammenkunft von mehreren Menschen), sei es zu politischen oder freundschaftlichen Zwecken, wird weiterhin untersagt bleiben.

In Ihrem Buch Homo Sacer. Die souveräne Macht und das nackte Leben *schreiben Sie, dass es in jedem modernen Staat eine Grenze gibt, jenseits deren die Macht über das Leben in Macht über den Tod umschlägt, die Biopolitik in Thanatopolitik. Vor diesem Hintergrund handelt der Souverän in enger Abstimmung mit dem Anwalt, dem Arzt, dem Wissenschaftler und dem Priester. Die Medizin hat heute die Oberhand gewonnen: Sie kann der Macht die Souveränität – oder die Illusion davon – gewähren. Dies hat Auswirkungen sowohl auf der politischen als auch auf der ethischen Ebene. Die Unterordnung des Lebens unter die Statistik führt unweigerlich eine Logik ein, nach der manche Leben nicht lebenswert erscheinen. Der politische Körper wird zum biologischen*

98

Körper. In einem ihrer jüngsten Artikel betonen Sie, dass im modernen Westen drei Religionen (Christentum, Kapitalismus und Wissenschaft) koexistierten und sich kreuzten, und es teilweise immer noch tun, bis ein Konflikt zwischen der Wissenschaft und den beiden anderen Religionen entbrannte, den die Wissenschaft letztlich für sich entscheiden konnte. Wie bewerten Sie die Rolle der Wissenschaftlerinnen und Wissenschaftler und insbesondere der Medizin in der aktuellen Krise? Welche Beziehung besteht derzeit zwischen Wissenschaft und Macht?

Man darf nicht unterschätzen, welche entscheidende Funktion der Wissenschaft und der Medizin in der Entstehung des Paradigmas der Biosicherheit zukommt. Wie ich in meinem Artikel nahelegte, haben beide Disziplinen in diesem Konflikt nicht als strenge Wissenschaften, sondern als eine Art Religion agiert, deren Gott das nackte Leben ist. Ivan Illich, der vielleicht scharfsinnigste Kritiker unserer Zeit, hat gezeigt, wie die zunehmende Medikalisierung der Körper die individuelle Körper- und Lebenserfahrung zutiefst verändert habe.

Nur vor dem Hintergrund dieser Transformation wird es verständlich, wie die Menschen derart umfassende Beschränkungen akzeptieren konnten. Dies erklärt sich dadurch, dass jedes Individuum die Einheit seiner Lebenserfahrung, die immer zugleich körperlich und geistig ist, in eine bloß biologische Einheit einerseits und in ein affektives, kulturelles und politisches Leben anderseits aufgespalten hat. Eine solche Spaltung stellt zwar eine offensichtliche Abstraktion dar, aber diese Abstraktion ist äußerst wirkmächtig. Das Virus hat deutlich gezeigt, dass die Menschen an diese Abstraktion glauben und bereit sind, ihretwillen die normalen Lebensbedingungen, sozialen Beziehungen, politischen und religiösen Überzeugungen und sogar ihre Freundschaften und Lieben zu opfern.

Die Spaltung des Lebens ist also eine Abstraktion. Dennoch wurde sie von der Medizin verwirklicht, und zwar bereits Mitte des 20. Jahrhunderts mit der Einführung von Wiederbelebungsapparaten, die einen Körper in einem Zustand des vegetativen Lebens zu erhalten vermögen. Der Reanimationsraum mit seinen Geräten zur künstlichen

Beatmung, zur Unterstützung des Kreislaufs und zur Stabilisierung der Körpertemperatur, die den menschlichen Körper auf unbestimmte Zeit in einem Schwebezustand zwischen Leben und Tod halten, ist ein mysteriöser Bereich, der seine streng medizinischen Grenzen nicht überschreiten sollte. Während der Pandemie ist aber genau das Gegenteil geschehen: Der künstlich zwischen Leben und Tod schwebende Körper ist zum neuen politischen Paradigma geworden, an dem die Bürgerinnen und Bürger ihr Verhalten orientieren sollten. Die bedingungslose Aufrechterhaltung eines nackten, vom sozialen Leben künstlich abgespaltenen Lebens ist die eindrücklichste Tatsache des neuen von der Medizin (als Religion) errichteten Kults.

Kritiker werfen Ihnen vor, Ihre Auffassung des Ausnahmenzustands und der Machtstrukturen sei »pessimistisch«. Ihre Theorie legt in der Tat nahe, alle Bürgerinnen und Bürger in den modernen kapitalistischen Demokratien könnten sich potenziell in homines sacri *verwandeln. Mit anderen Worten: Der dauerhafte Ausnahmezustand würde Bedingungen schaffen, unter denen sich die*

101

Souveränität zu einer unüberwindbaren Ordnung verfestigt und der Kampf dagegen sich für jede Gesellschaft als aussichtslos herausstellt. Was entgegnen Sie dieser Kritik? Wir möchten von Ihnen auch erfahren, welche Formen des Widerstands Sie in der aktuellen Situation für möglich halten und inwiefern Neues daraus entstehen könnte.

Pessimismus und Optimismus sind psychologische Kategorien, die in einer politischen Analyse nichts verloren haben. Diejenigen, die sich solcher Begriffe bedienen, stellen lediglich ihre Unfähigkeit zu denken unter Beweis. Simone Weil, die beispielhafte Überlegungen zur Transformation der politischen Kategorien in der Moderne anstellte, warnte in einer Reihe von Artikeln aus den 1930er Jahren vor all jenen, die angesichts des Aufstiegs des Faschismus in Europa sich mit leeren Erwartungen ereiferten und dabei Begriffe bemühten, die bedeutungslos geworden waren. Ich glaube, wir sollten uns ernsthaft fragen, ob viele Begriffe, die wir weiterhin benutzen – wie Demokratie, Legislativgewalt, Wahlen, Verfassung –, nicht schon längst ihre ursprüngliche Bedeutung eingebüßt haben.

Erst dann, wenn wir die neuen Formen des Despotismus, die die Demokratie nach und nach unterwandert haben, mit klarem Blick zu untersuchen vermögen, werden wir auch in der Lage sein, neue Formen des Widerstands zu benennen und zu entfalten.

Die Flüchtlingsfrage stellt seit Jahren eine der größten globalen Herausforderungen dar. Das Ausmaß der aktuellen Menschenbewegungen erlaubt einen historischen Vergleich mit den Ereignissen nach den beiden Weltkriegen, zumindest im Hinblick auf die absoluten Zahlen. Aufgrund ihrer geopolitischen Lage sind Griechenland und Italien von dieser erzwungenen Migration großer Menschengruppen vom Osten in den Westen in besonderem Maße betroffen. In Ihrem Essay Jenseits der Menschenrechte *aus 2001 weisen Sie darauf hin, dass die verschiedenen Menschenrechtserklärungen den Ort darstellen, an dem sich der Übergang von der Souveränität von Gottes Gnaden zur nationalen Souveränität ereignet. Der nationale Staat sei im Geborensein, in der Abstammung gegründet (*natio *ist das lateinische Wort für Geburt).*

Dadurch werde das Leben in die Ordnung der staatlichen Souveränität eingeschrieben. Wenn sich der Untertan zum Bürger wandelt, dann bedeute das, dass das nackte Leben (im Sinne des Geborenseins) zu einem Körper wird, der die Souveränität unmittelbar »verkörpert« und begründet. Das Abstammungsprinzip und das Souveränitätsprinzip, die im Ancien Régime getrennt waren, vereinigen sich nun unwiderruflich in der Konstitution des neuen Staats als Nation. Dadurch würden das Geborensein, sprich die Abstammung und die Nation unmittelbar zusammenfallen. Auch Rechte würden dem Menschen erst dann zuerkannt, wenn er sich als Bürger in die Ordnung der staatlichen Souveränität einschreibt. Der Flüchtling bricht genau diese Identität von Abstammung und Nationalität, von Menschen und Bürger. Er stört das herrschende Narrativ und hebt die Dreieinigkeit Staat-Nation-Territorium auf. Europa begegnet heute den Geflüchteten mit einer martialischen, von Kriegsrhetorik geprägten Strategie, bei der Ländern wie Griechenland, der Türkei und Libyen die Rolle von »Seelenlagern« zukommt. In

Ihrem Essay betonten Sie die Dringlichkeit einer neuen Auffassung von Staatsbürgerschaft, die es vermöge, die Integration der geflüchteten Menschen in Europa zu erleichtern. Wir möchten Ihre Gedanken dazu erfahren.

In dem Text, den Sie zitieren, versuchte ich – auf den Spuren von Hannah Arendts Artikel *We Refugees* –, der Figur des Bürgers diejenige des Flüchtlings als fundamentales politisches Paradigma gegenüberzustellen. Im Mittelpunkt stand die Hinterfragung der Menschenrechtserklärung von 1798 und deren Wiederaufnahme im 20. Jahrhundert mit ihrer ambivalenten Unterscheidung bzw. Identität von Menschen und Staatsbürger. In Anlehnung an Arendt, die in den Flüchtlingen und Staatenlosen die Avantgarde ihrer Völker sah, schlug ich vor, den Flüchtling – anstelle des Bürgers – als Fundament eines neuen politischen Horizontes zu betrachten, dessen Dringlichkeit mir unumgänglich erschien. Die Idee der Staatsbürgerschaft, die von Athen bis zur Moderne der lebendige politische Kern der Stadt gewesen war, hatte im Laufe der Jahrzehnte ihren realen politischen

Inhalt restlos verloren. Unter dem Einfluss der biopolitischen Dispositive und in weiterer Folge mit
der Errichtung des Sicherheitsparadigmas war die
Staatsbürgerschaft zu einem zunehmend passiven
Zustand und zum Gegenstand einer wachsenden,
alles durchdringenden Überwachung verkommen.

Das neue Paradigma der Biosicherheit, das
sich heute vor unseren Augen entfaltet, markiert
einen weiteren Schritt in dieser Entwicklung. Die
Idee der Staatsbürgerschaft hat völlig neue Kon-
turen erhalten und ist auf allen Ebenen zum passiven Gegenstand von Pflege, Überwachung und
Misstrauen geworden. Die Pandemie hat zweifellos
gezeigt, dass der Bürger auf das nackte biologische
Dasein reduziert wird. Dies führt ihn so sehr in die
Nähe des Flüchtlings, dass die zwei Figuren fast
ununterscheidbar werden. Der Flüchtling hat sich
gleichsam im Körper des Bürgers eingenistet. Es
zeichnet sich somit ein neuer Bürgerkrieg ab, bei
dem der Feind – genauso wie bei einer Viruserkran-
kung – im Körper selbst wohnt. Und wie so oft,
wenn die Gegner einander zu ähnlich sind, wird

der Bürgerkrieg besonders grausam und beharrlich ausgefochten.

Die durch die Pandemie bedingten, extremen Umstände haben eine Panikstimmung zutage gefördert. Die weitaus stärkere Reaktion darauf kam von den einzelnen Staaten und nicht von den internationalen Organisationen, die im Gegenteil durch Ratlosigkeit und Unentschlossenheit aufgefallen sind. Die unaufhaltsame Globalisierung des individuellen und gesellschaftlichen Lebens, aber auch das Unvermögen des Souveräns, das Fundament seiner Macht zu legitimieren, schienen in der Lage, die politische Bedeutung der Nationalstaaten zurückzudrängen und den Markt als einzige regulierende Instanz zu erheben. Heute, angesichts der Pandemie, haben die politischen Führungsfiguren indes wieder an Terrain gewonnen und die Regierenden dürfen sich als Retter der Nation präsentieren – das erleben wir gerade in Griechenland. Wie sehen Sie die Zukunft des Staats als Nation nach der Pandemie?

Meine archäologischen Untersuchungen zur Geschichte der westlichen Politik haben ergeben, dass sich diese schon immer zwischen zwei Polen hin und her bewegt. In einem zu recht sehr bekannten Werk hat Karl Polanyi gezeigt, dass die Marktideologie, die sich der staatlichen Macht zu widersetzen schien, in Wahrheit bereits zur Zeit der ersten industriellen Revolution mit dieser eine Einheit bildete und dass es ihr erst durch diese heimliche Zusammenarbeit gelungen war, die westliche Gesellschaft von Grund auf zu verändern. Die staatliche Macht vermochte es in jeder Epoche, mit den neuen Kräften zu koexistieren, die sich in ihrem Inneren oder außerhalb von ihr behaupteten. Dies gilt sowohl für die Dualität von geistlicher und weltlicher Macht im Mittelalter als auch für den Konflikt zwischen Arbeiterbewegungen und staatlichen Organisationen im Laufe des 20. Jahrhunderts. Wenn wir heute von Globalisierung, von großen Räumen und dem daraus resultierenden Untergang der Nationalstaaten sprechen, dürfen wir nicht vergessen, dass diese scheinbare Antithese zwar in eine Transformation, aber nicht in die Abschaffung der staatlichen Macht münden wird. Das für die westliche Politik typische bipolare System wird unter neuen Vorzeichen weiter bestehen. Die Pandemie hat deutlich gezeigt, dass sich die von der Weltgesundheitsorganisation und von Bill Gates (von dem die WHO letztlich gelenkt wird) propagierte globale Strategie nur mit dem entscheidenden Beitrag der Nationalstaaten verwirklichen lässt. Die Staaten allein sind in der Lage gewesen, die Zwangsmaßnahmen umzusetzen, auf denen jene Strategie fußte. Die Epidemie, die immer auf ein *demos* verweist, schreibt sich somit in eine Pan-demie ein, bei der das *demos* keinen politischen Körper mehr, sondern eine biopolitische Bevölkerung darstellt.

In der deutschen Presse wurde zuletzt vielerorts die Frage aufgeworfen, welche Regierungsform – die Demokratie oder der Despotismus – bei der Bewältigung der Pandemie erfolgreicher sei. Die aristotelische Frage über die beste Regierungsform – vom Triumph der liberalen Demokratie lange in den Schatten gestellt – kehrt nur vorsichtig zurück. Wird der Widerstand gegen den liberalen, globa-

lisierten Status quo zwangsläufig über die Netz-
werke des zentralistischen Autoritarismus verlau-
fen oder besteht aus Ihrer Sicht die Möglichkeit,
eine neue demokratische Politik abseits von Staat
und Markt ins Leben zu rufen?

An der Tatsache, dass viele im Zuge der Epidemie
totalitäre Staaten als Vorbild betrachten konnten,
lässt sich sehr gut das Ausmaß der heutigen politischen Verantwortungslosigkeit ablesen. Der Fehler
besteht nicht darin, die Frage nach der möglichen
Unzulänglichkeit des demokratischen Systems zu
stellen. Bereits Heidegger hatte in einem anderen
Zusammenhang die berechtigte Frage gestellt, ob
die Demokratie angesichts der universal gewor-
denen Technik die bestgeeignete Regierungsform
darstelle. Der Irrtum besteht vielmehr in der falschen Alternative zwischen Demokratie und Despotismus. Wir müssen an eine andere Art der Politik denken, eine Politik, die sich dem Oszillieren zu
entziehen vermöchte, das wir seit Jahrzehnten erleben: zwischen einer Demokratie, die in Despotismus ausartet, einerseits und einem Totalitarismus,
der scheinbar demokratische Formen annimmt,

anchererseits. Bereits seit Tocqueville wissen wir, dass die Demokratie dazu neigt, in Despotismus auszuarten. Ein aufmerksamer Beobachter kann heute nur schwer feststellen, ob wir in Europa in einer Demokratie leben, die zu immer despotischeren Formen der Überwachung greift, oder in einem totalitären Staat, der sich als Demokratie verkleidet. Eine zukünftige Politik kann nur jenseits dieser beiden Modelle entstehen.

In Ihren jüngeren Beiträgen haben Sie das staatliche Krisenmanagement kritisiert, insbesondere die umfassenden Verbotsmaßnahmen und die Einstellung vieler sozialer Tätigkeiten. Gerade diese Maßnahmen haben allerdings bei zahlreichen Regierungsvertretern zurückhaltende bis feindliche Reaktionen hervorgerufen. Typische Beispiele hierfür sind Donald Trump, Jair Bolsonaro, Boris Johnson, Diktatoren wie Aljaksandr Lukaschenko und natürlich viele verschiedene Akteurinnen und Akteure auf den internationalen Märkten. Wie bewerten Sie diese Abneigung gegen restriktive Maßnahmen seitens eines Teils der internationalen Elite?

An diesem Beispiel lässt sich ermessen, welche Verwirrung der Notstand in denjenigen stiftet, die in der aktuellen Lage besonders klar denken sollten. Es zeigt aber auch, dass das Links-Rechts-Schema seine ganze politische Bedeutung eingebüßt hat. Eine Wahrheit gilt unabhängig davon, ob sie von der Linken oder von der Rechten ausgesprochen wird. Behauptet ein Faschist, dass 2+2=4, ist dies noch kein Einwand gegen die Mathematik. Zuletzt sah sich in Deutschland eine linksextreme Bewegung, die den bezeichnenden Namen »Demokratischer Widerstand« trägt und zu recht gegen die Verletzungen der Freiheitsrechte protestierte, heftiger Medienkritik ausgesetzt, weil sie ihre Position in dieser Frage mit der extremen Rechten teilte. »Der Spiegel«, eines der Sprachrohre des herrschenden Systems, wollte meine Meinung dazu hören, da sich jene linksextreme Bewegung explizit auf mich berufen hatte, und bat mich um ein Interview. Ich sagte, ich hätte nichts mit ihnen zu tun, fügte aber hinzu, dass sie aus meiner Sicht das Recht hatten, ihre Meinung kundzutun, und dass die punktuelle Übereinstimmung mit der extremen Rechten die

Gültigkeit ihrer Forderungen keineswegs entkräftete. Daraufhin hat der Spiegel-Journalist – entsprechend den Gepflogenheiten jenes Magazins – meine Antwort verkürzt wiedergegeben, indem er nur die erste Hälfte veröffentlichte.

Es ist notwendig, die Gründe zu analysieren, warum die führenden Politiker, die Sie erwähnt haben, eine bestimmte Meinung vertreten. Anstatt den Wahrheitsgehalt einer an sich richtigen Meinung zu hinterfragen, sollten wir die Strategie untersuchen, in die sich diese Meinung einschreibt.

15. REQUIEM FÜR DIE STUDIERENDEN

24. Mai 2020

Erwartungsgemäß wird der Unterricht an den Universitäten ab nächstem Jahr nur noch online stattfinden. Für die aufmerksamen Beobachter war es bereits offensichtlich, dass die Pandemie einen willkommenen Vorwand liefern würde, um die massive Verbreitung der digitalen Technologien weiter zu beschleunigen. Ihre Befürchtungen haben sich nun bewahrheitet.

An dieser Stelle geht es mir nicht so sehr um die daraus folgende, tiefe Veränderung der Didaktik, in deren Zuge die physische Anwesenheit – seit jeher ein wichtiger Bestandteil der Beziehung zwischen Lehrenden und Studierenden – endgültig verschwinden wird, genauso wie der Austausch in den Seminarräumen, einst der lebendigste Teil der Lehre. Die Verbannung jeder sinnlichen Erfahrung aus unserem Leben und der Verlust des Blicks, seine dauerhafte Einsperrung in einem gespenstischen Bildschirm sind ja wenig überraschende

Erscheinungen der technologischen Barbarei, die wir seit geraumer Zeit erleben.

Ein wesentlich entscheidender, und doch bezeichnenderweise verschwiegener Aspekt der aktuellen Entwicklung ist indes das Ende des Studentendaseins als Lebensform. In Europa sind die ersten Universitäten aus Studentenvereinigungen – den *universitates* – hervorgegangen. Diesen verdanken sie übrigens auch ihren Namen. Das Studium war also zunächst eine Lebensform, bei der das Lernen und die Teilnahme an den Vorlesungen eine genauso bedeutende Rolle spielten wie das Zusammensein und der rege Austausch mit den anderen *scholarii*, die aus teils weit entfernten Orten kamen und sich je nach Herkunft verschiedenen Korporationen – den *nationes* – anschlossen. Diese Lebensform sollte im Laufe der Geschichte sehr unterschiedliche Formen annehmen – von den *clerici vagantes* im Mittelalter bis zu den Studentenbewegungen des 20. Jahrhunderts –, unverändert blieb aber die soziale Dimension des Phänomens. Jeder, der an einer Universität gelehrt hat, weiß, wie in einem Hörsaal Freundschaften geknüpft werden und wie sich je nach kulturellen und politischen Interessen kleine Lern- und Forschungsgruppen bilden, die dann auch abseits der Vorlesungen zusammenkommen.

Das alles soll nun, nach zehn Jahrhunderten, zu einem jähen Ende kommen. Die Studierenden werden nicht mehr in ihrer universitären Stadt leben, sondern jede und jeder von ihnen wird im eigenen Zimmer die Vorlesungen virtuell besuchen, Hunderte Kilometer von den Studienkollegen und -kolleginnen entfernt. Aus den Straßen der kleineren Städte, einst Sitz von renommierten Universitäten, werden die vielen Studierenden verschwinden, die nicht selten den lebendigsten Teil der Gemeinschaft bildeten.

Geht ein soziales Phänomen unter, so kann man immer behaupten, es hätte in gewisser Weise sein Ende verdient. Bedenkt man überdies, wie weit Korruption und akademische Fachblindheit an unseren Universitäten gediehen waren und wie sehr dies das studentische Leben in Mitleidenschaft gezogen hatte, so fällt es schwer, dieser Institution nachzutrauern. An zwei Punkten möchte ich dennoch festhalten:

1) Die Professoren, die sich gerade der neuen telematischen Diktatur in Scharen unterwerfen und bereit sind, ihre Vorlesungen nur noch online abzuhalten, sind das perfekte Gegenstück zu jenen Universitätsdozenten, die im Jahr 1931 einen Treueid auf das faschistische Regime leisteten. Wie bereits damals, so werden vermutlich auch diesmal nur fünfzehn von tausend Professoren die Treue verweigern. Ihre Namen werden eines Tages nebeneinanderstehen.

2) Die Studierenden, die das Studium wirklich lieben, sollten sich weigern, an solch unkenntlichen Universitäten zu inskribieren, und stattdessen wie in der Entstehungszeit neue *universitates* gründen; diese würden den einzigen Ort bieten, an dem der technologischen Barbarei getrotzt wird, um die Worte aus der Vergangenheit weiterleben und im besten Fall eine neue Kultur entstehen zu lassen.

16. ZWEI SCHÄNDLICHE WÖRTER

10. Juli 2020

In den Polemiken, die den Gesundheitsnotstand begleitet haben, sind zwei schändliche Wörter – »Corona-Leugner« und »Verschwörungstheoretiker« – aufgekommen, die es offensichtlich zum Ziel hatten, all jene in Verruf zu bringen, die der allgegenwärtigen, lähmenden Angst zum Trotz nicht aufhören wollten, eigenständig zu denken.

Dem ersten dieser Begriffe, dem des Leugners, sollte man nicht zu viel Aufmerksamkeit schenken. Wer ihn bemüht, zieht schließlich einen verantwortungslosen Vergleich zwischen der Epidemie und der Judenvernichtung, und trägt somit mehr oder weniger bewusst zu jenem Antisemitismus bei, der in unserer Kultur – im rechten sowie im linken Lager – noch weit verbreitet ist. Einige zu recht gekränkte jüdische Freunde würden eine Stellungnahme der jüdischen Glaubensgemeinschaft zu diesem terminologischen Missbrauch sehr begrüßen.

Es lohnt sich indes, beim zweiten Begriff zu verweilen, der von einer wahrlich erstaunlichen historischen Unkenntnis zeugt. Wer mit der Forschungsarbeit der Historikerinnen und Historiker vertraut ist, weiß, dass die Ereignisse, die darin rekonstruiert und erzählt werden, oft zwangsläufig aus Plänen und Aktionen seitens jener Individuen, Gruppen und Strömungen hervorgehen, die ihre Ziele mit allen Mitteln verfolgen.

Ich werde dies anhand von drei unter den unzählig möglichen Beispielen veranschaulichen. Jedes dieser drei Ereignisse markierte das Ende einer Epoche und den Beginn einer neuen historischen Periode.

Im Jahr 415 v.Ch. setzte Alkibiades sein Ansehen und sein ganzes Vermögen aufs Spiel, um die Athener zu einem Feldzug gegen Sizilien zu bewegen. Dieser sollte zu einer verheerenden Niederlage führen und das Ende der Athener Vormacht einläuten. Noch vor der Expedition nutzten die Gegner des Alkibiades die Verstümmelung der Statuen des Gottes Hermes, die sich kurz vor dem Auslaufen der Flotte ereignet hatte, um falsche Zeugen anzuwerben und sich gegen den Strategen zu verschwören. Daraufhin wurde Alkibiades in Abwesenheit wegen Religionsfrevels zum Tode verurteilt.

Am 18. Brumaire VIII (dem 9. November 1799) führte Napoleon Bonaparte, nachdem er der republikanischen Verfassung die Treue geschworen hatte, einen Staatsstreich durch, in dessen Zuge er das Direktorium umstürzte und sich zum Ersten Konsul ernennen ließ. In den Tagen vor dem Staatsstreich, der das Ende der Französischen Revolution markieren sollte, hatte sich Napoleon mit Emmanuel Joseph Sieyès, Joseph Fouché und Lucien Bonaparte getroffen, um eine Strategie gegen den voraussichtlichen Widerstand seitens des Rates der Fünfhundert auszuarbeiten.

Am 28. Oktober 1922 fand der »Marsch auf Rom« statt, an dem sich ungefähr 25.000 Faschisten beteiligten. In den Monaten vor der Aktion, die Benito Mussolini zusammen mit Cesare Maria De Vecchi, Emilio De Bono und Michele Bianchi geplant hatte, fanden Treffen zwischen Mussolini selbst und dem damaligen Ministerpräsidenten Luigi Facta, dem Literaten Gabriele D'Annunzio und Vertretern der Wirtschaft (laut einigen Quellen soll auch eine heimliche Zusammenkunft mit dem König Viktor Emanuel III. stattgefunden haben). Ziel der Treffen war das Ausloten von Reaktionen und möglichen Bündnissen. Am 2. August 1922 wurde die Stadt Ancona in einer Art Generalprobe von faschistischen Milizen besetzt.

Bei allen drei Ereignissen haben Individuen – als Teil von Gruppen, Bewegungen oder politischen Parteien – entschlossen gehandelt, um bestimmte Ziele zu erreichen. Dabei mussten sie sich mit mehr oder weniger vorhersehbaren Umständen messen und diesen ihre Strategie anpassen. Gewiss spielten Schicksal und Zufall bei diesen, wie bei allen anderen menschlichen Unternehmungen eine Rolle. Die Geschichte deshalb als Verkettung von Zufällen erklären zu wollen, wäre jedoch widersinnig, und kein seriöser Historiker hat es je getan. Dies bedeutet allerdings nicht, dass man im Umkehrschluss von »Verschwörungen« sprechen und die Historiker als »Verschwörungstheoretiker« betiteln sollte, die Handlung und Ablauf jener Ereignisse im Detail zu rekonstruieren versuchten. Letzteres würde von Unwissen, wenn nicht gar von Dummheit zeugen.

Umso erstaunlicher ist es, dass eine solche Haltung gerade in Italien gepflegt wird, einem Land, dessen jüngere Geschichte das Ergebnis von Intrigen und Geheimbünden, Machenschaften und Verschwörungen aller Art ist. Dies ist umso wahrer, wenn man bedenkt, dass sogar der ehemalige Staatspräsident Francesco Cossiga offen zugab, seinerzeit einem dieser Geheimbünde (namens »Gladio«) als aktives Mitglied angehört zu haben. Und es wird noch lange dauern, bis Historikerinnen und Historiker die entscheidenden Ereignisse der letzten fünfzig Jahre – vom Bombenanschlag auf der Piazza Fontana im Jahr 1969 bis zur Entführung und Ermordung des Ministerpräsidenten Aldo Moro im Jahr 1978 – restlos aufgeklärt haben werden.

Was die aktuelle Pandemie betrifft, liefern vertrauenswürdige Forschungen Belege dafür, dass sie keineswegs unerwartet kam. Wie Patrick Zylberman in seinem Buch *Tempêtes microbiennes* (Gallimard 2013) eindrücklich zeigt, hatte die Weltgesundheitsorganisation bereits 2005 angesichts der Vogelgrippe-Epidemie ein Worst-Case-Szenario ausgearbeitet, das dem heutigen sehr ähnelt, und dabei den Mitgliedsstaaten einen Plan empfohlen, wie sie sich die bedingungslose Unterstützung seitens der jeweiligen Bevölkerung zusichern können. Bill Gates, der wichtigste Förderer jener Organisation, hatte bereits mehrmals seine Ideen über die Risiken einer potenziellen Pandemie verlautbart, die in seiner Einschätzung Millionen Menschen das Leben kosten würde und gegen die es sich auszurüsten galt. 2019 hat das Johns Hopkins Center for Health Security – im Rahmen einer durch die Bill and Melinda Gates-Stiftung geförderten Studie – eine Simulationsübung namens »Event 201« veranstaltet, bei der die eingeladenen Experten und Epidemiologen koordinierte Abwehrmaßnahmen gegen eine mögliche Pandemie entwerfen sollten.

Wie immer in der Geschichte, treten auch in diesem Fall Menschen und Organisationen auf den Plan, die lautere oder unlautere Ziele mit allen Mitteln verfolgen. Will man die Gegenwart verstehen, so ist es wichtig, auch diese Umstände zu kennen und zu berücksichtigen. Deshalb von »Verschwörungen« zu sprechen, tut nichts zur Sache. Diejenigen, die historische Ereignisse zu verstehen versuchen, als » Verschwörungstheoretiker« anzuprangern, ist aber schlicht und einfach schändlich.

17. DAS RECHT UND DAS LEBEN

Juni 2020

Die menschliche Gesundheit ist zum politischen und rechtlichen Spieleinsatz unserer Zeit geworden. Die aktuelle Situation bietet uns eine wichtige Gelegenheit, darüber nachzudenken, welches Verhältnis zwischen Leben und Recht bestehen sollte. Yan Thomas, Rechtshistoriker und großer Kenner des römischen Rechts, hat gezeigt, dass die Natur und das biologische Leben der Menschen als solche nie Eingang in die römische Jurisprudenz fanden. Beide Bereiche blieben hingegen dem Recht äußerlich und dienten lediglich als fiktive Voraussetzungen für bestimmte juridische Konstellationen. Das Prinzip, nach dem alles in der Natur Gemeingut sei, gilt in diesem Sinne nur als fiktive Grenze, um die Luft, das Meer und dessen Ufer aus dem Bereich des Eigentumsrechts auszuschließen. Das Gemeingut, die gemeinsame Sache wird aber ihrerseits zu *res nullius* (niemandes Sache) und begründet als solche das Eigentum desjenigen, der als Erster von ihr Besitz ergreift. Ähnlich dazu verhält es sich mit der Staatsbürgerschaft, die eine juridisch unverjährbare und unveräußerliche Tatsache darstellt. Im Unterschied zum *domicilium,* das vom physischen Wohnsitz an einem bestimmten Ort abhängt, wird die Staatsbürgerschaft durch Herkunft (*origo*) erlangt (wobei *origo* nicht die natürliche Tatsache der Geburt bezeichnet, sondern eine juridische Konstruktion, die auf dem Geburtsort des Vaters beruht).

Die Juristen des 19. Jahrhunderts verwandelten das juristische Instrument der *origo* in ein Abstammungsprinzip (*ius sanguinis,* dt. Recht des Blutes). Dabei überlagerte, mit Yan Thomas' Worten, eine »Mystik des Blutes« die rein fiktive Genealogie aus der römischen Jurisprudenz und legte zugleich den Grundstein für das heute vorherrschende biologistische Denken. Seit den ersten Jahrzehnten des 20. Jahrhunderts neigt das Recht zunehmend dazu, das Leben in seinen Geltungsbereich zu inkludieren, es zu seinem spezifischen Gegenstand zu machen, das es jeweils zu schützen oder auszuschließen gilt. Die juristische Besetzung des Lebens weist nicht nur, wie man annehmen

126

könnte, positive Aspekte auf, sondern birgt auch sehr ernste Gefahren. Wie Michel Foucault eindrücklich gezeigt hat, neigt nämlich die Biopolitik auf fatale Weise dazu, in Thanatopolitik umzuschlagen. Je mehr sich das Recht mit dem biologischen Leben der Bürgerinnen und Bürger im Sinne eines schutz- und förderwürdigen Gutes beschäftigt, umso mehr wirft dieses juristische Interesse seinen Schatten auf das Leben selbst, bis hin zur Idee eines »lebensunwerten Lebens« (wie es im Titel einer berüchtigten deutschen Schrift aus dem Jahre 1920 hieß).

Die Definition eines Wertes impliziert immer notwendigerweise die Entstehung eines gegensätzlichen Nicht-Wertes. Die Kehrseite des Gesundheitsschutzes ist die Unterbindung und Beseitigung aller Faktoren, die zu einer Erkrankung führen könnten. Das erste Beispiel einer Gesetzgebung, die sich programmatisch der Gesundheit der Bevölkerung annimmt, liefern die eugenischen Maßnahmen des nationalsozialistischen Regimes. Dies ist bezeichnend und sollte zum Nachdenken anregen. Kurz nach der Machtergreifung im

z.B. Querdenker verdienen keine intensiv-medizinische Behandlung

d.h. die Schädlinge der Volks-Gesundheit müssen eliminiert werde

Jahr 1933 verabschiedete Hitlers Regierung ein Gesetz zum Schutz des deutschen Volkes vor Erbkrankheiten, das zur Einrichtung der sogenannten Erbgesundheitsgerichte führen sollte. Daraufhin wurden 400.000 Zwangssterilisierungen durchgeführt. Wenig bekannt ist es indes, dass noch vor dem Aufstieg des Nationalsozialismus in den Vereinigten Staaten und besonders in Kalifornien die Grundlagen eines – durch das Carnegie Institute und die Rockefeller Foundation stark geförderten – eugenischen Programms geschaffen wurden. Hitler sollte sich später explizit auf dieses Modell berufen. Wird die Gesundheit zum Gegenstand einer zur Biopolitik gewandelten staatlichen Politik, so fällt sie nicht länger in den Verantwortungsbereich des Einzelnen, sondern wird zur Pflicht, die es um jeden Preis zu erfüllen gilt.

Wie Yan Thomas auf dem Gebiet der Rechtsgeschichte gezeigt hat, dass Recht und Leben nicht miteinander verwechselt werden sollten, so sollen auch Recht und Medizin voneinander getrennt bleiben. Aufgabe der Medizin ist die Behandlung von Krankheiten nach den Grundsätzen, die ihre

Tätigkeit seit Jahrhunderten leiten und die im Eid des Hippokrates festgehalten sind. Indem sie ein zwangsläufig ambivalentes und undurchsichtiges Bündnis mit der Politik eingeht, setzt sich aber die Medizin an die Stelle des Gesetzgebers. Dies hat nicht nur – wie man In Italien im Zuge der Pandemie beobachten konnte – negative Auswirkungen auf die öffentliche Gesundheit, sondern kann auch zu unzumutbaren Einschränkungen der individuellen Freiheit führen, wobei die medizinischen Gründe, so viel dürfte inzwischen klar sein, einen hervorragenden Vorwand für die beispiellose Überwachung des sozialen Lebens liefern.

19. NOTSTAND UND AUSNAHMEZUSTAND

30. Juli 2020

Ein Jurist, für den ich eine gewisse Achtung hegte, hat kürzlich in einem regimetreuen Blatt einen Artikel veröffentlicht, in dem er den durch die Regierung abermals verlängerten Ausnahmezustand mit vorgeblich juristischen Argumenten zu rechtfertigen versucht.* Ohne es offen zuzugeben, beruht seine Argumentation auf Carl Schmitts Unterscheidung zwischen der »kommissarischen Diktatur«, die darauf abzielt, die geltende Verfassung zu verteidigen oder wiederherzustellen, und der »souveränen Diktatur«, die eine neue Ordnung etablieren möchte. Davon ausgehend führt er eine weitere Unterscheidung zwischen Notstand und

---

* Der Bezug gilt dem Juristen Gustavo Zagrebelsky und seinem Kommentar mit dem Titel »Non è l'emergenza che mina la democrazia. Il pericolo è l'eccezione« (»Es ist nicht der Notstand, der die Demokratie untergräbt. Die Gefahr heißt Ausnahmezustand«), erschienen am 28. Juli 2020 in der Tageszeitung »La Repubblica« [A.d.Ü.].

Ausnahmezustand ein. Seine Argumentation entbehrt allerdings jeder juristischen Grundlage, denn eine Verfassung kann nie ihre legitime Aufhebung vorsehen. In seiner *Politischen Theologie* spricht Schmitt deshalb einzig von Ausnahmezustand (in diesem Werk prägt er übrigens auch die berühmte Definition: »Souveräns ist, wer über den Ausnahmezustand entscheidet«). Der Begriff des Ausnahmezustandes wird sich in der deutschen Rechtslehre und darüber hinaus als Fachausdruck durchsetzen, um die Zone der Unbestimmtheit zwischen Rechtsordnung und politischen Fakten, zwischen dem Gesetz und seiner Aufhebung zu bezeichnen. Unter Rückgriff auf die erste Schmitt'sche Unterscheidung behauptet jener Jurist, der Notstand sei ein konservativer Zustand, der Ausnahmezustand indes ein innovativer: »Man greift zum Notstand, um möglichst bald wieder in die Normalität zurückzukehren; der Ausnahmezustand wird hingegen ausgerufen, um gegen die Regeln zu verstoßen und eine neue Rechtordnung einzurichten.« Der Notstand setze »ein stabiles System« voraus, während der Ausnahmezustand dessen »Zerfall«

anstrebe, »um den Weg für ein neues System zu ebnen.«

Diese Unterscheidung ist allem Anschein nach politischer und soziologischer Natur. Sie spiegelt die persönliche Bewertung des Juristen über den Istzustand eines gegebenen Systems, über seine Stabilität oder drohenden Zerfall, und nicht zuletzt über die Absichten derjenigen, die in der Lage sind, eine Suspendierung des Gesetzes zu beschließen. Aus rechtlicher Sicht läuft jedoch die Entscheidung in beiden Fällen – beim Notstand genauso wie beim Ausnahmezustand – auf die Aushebelung der verfassungsrechtlichen Garantien hinaus. Abseits seiner spezifischen Begründung, über die niemand mit letzter Gewissheit urteilen kann, gibt es letztlich einen einzigen Ausnahmezustand: Einmal ausgerufen, kennt das System keine Instanz mehr, die es vermöge, die Realität und Ernsthaftigkeit der Umstände, die zum Ausnahmezustand geführt haben, zu überprüfen. Der Jurist muss demzufolge hinzufügen: »Dass wir es mit einem gesundheitlichen Notstand zu tun haben, scheint mir unbezweifelbar.« Ein subjektives Urteil, gefällt von jemandem, der keine Autorität auf dem Gebiet der Medizin besitzt. Diesem Urteil stehen andere, zweifellos glaubwürdigere Meinungen entgegen. Der Jurist muss also einräumen, dass »in der wissenschaftlichen Gemeinschaft keine Einigkeit herrscht« und dass folglich die medizinische Lage von denselben Verantwortlichen beurteilt wird, die auch den Notstand verhängen können. Der Notstand, fährt er fort, unterscheide sich vom Ausnahmezustand darin, dass letzterer unbegrenzte Machtbefugnisse vorsieht, während beim Notstand »die Machtbefugnisse das einzige, im Vorhinein festgelegte Ziel verfolgen, die Normalität wiederherzustellen.« Wobei, gibt der Jurist sogleich zu, »sich diese Befugnisse nicht im Vorfeld genau definieren lassen«. Man benötigt wahrhaft keine breite juristische Kompetenz, um festzustellen, dass unter dem – einzig relevanten – Gesichtspunkt der verfassungsrechtlichen Garantien kein Unterschied zwischen den zwei Szenarien besteht.

Die Argumentation des Juristen ist in zweierlei Hinsicht arglistig. Einerseits führt er eine vermeintlich juristische Unterscheidung ein, die in

Wirklichkeit keine ist. Andererseits, um den von der Regierung verhängten Ausnahmezustand zu rechtfertigen, sieht er sich dazu gezwungen, empirische und strittige Argumente anzuführen, die den Rahmen seiner Kompetenzen sprengen. Dies ist umso erstaunlicher, denn es sollte ihm nicht entgangen sein, dass im Zuge des vermeintlich harmlosen »Notstands« Rechte und verfassungsrechtliche Garantien suspendiert und verletzt wurden, die bis dahin zu keinem Zeitpunkt in Frage gestellt worden waren, nicht einmal während des Faschismus und der beiden Weltkriege. Dass es sich hierbei um keinen vorübergehenden Zustand handelt, wird von den Regierungsvertretern selbst bestätigt, indem sie nicht müde werden, zu wiederholen, dass das Virus noch unter uns sei und die Epidemie jederzeit wieder ausbrechen könnte.

Es ist vielleicht einem letzten Rest intellektueller Redlichkeit zu verdanken, dass der Jurist gegen Ende seines Artikels die Meinung derjenigen erwähnt, die »nicht ohne Grund behaupten, die Welt lebe auch abseits der Epidemie in einem mehr oder weniger beständigen Ausnahmezustand«, und

»das ökonomisch-soziale System des Kapitalismus«
sei nicht in der Lage, »seine Krisen mit den Mitteln
des Rechtsstaats zu bewältigen«. Schließlich gibt
er zu: »die Pandemie, die ganze Gesellschaften im
Schach hält, bietet eine unerwartete, aber willkom-
mene Gelegenheit, ein Volk von Untertanen noch
enger zu überwachen«. Es sei mir gestattet, ihm
nahezulegen, die Gesellschaft, in der er lebt, aufmerksamer zu beobachten. Ich darf ihn auch daran
erinnern, dass die Juristen nicht nur Beamte sind,
deren einzige Aufgabe darin besteht, den Status
quo zu rechtfertigen (und dies, obwohl sie seit län-
gerer Zeit nichts anderes tun).

19. EIN GESICHTSLOSES LAND

8. Oktober 2020

> Das, was wir Gesicht nennen, eignet kei-
> nem Tier, sondern nur dem Menschen, und
> drückt seinen Charakter aus.
> Cicero

Alle Lebewesen bewohnen das Offene, sie zeigen sich einander und kommunizieren miteinander, aber nur der Mensch hat ein Gesicht, nur für ihn wird sein Erscheinen und Sich-Mitteilen zu einer Grunderfahrung. Der Mensch allein macht aus dem Gesicht den Ort seiner eigenen Wahrheit.

Das, was das Gesicht enthüllt und offenbart, lässt sich nicht in Worte fassen, es kann nicht in diesem oder jenem bedeutsamen Satz formuliert werden. In seinem Gesicht setzt sich der Mensch selbst unbewusst aufs Spiel. Darin, noch bevor das Wort ausgesprochen wird, offenbart und drückt sich der Mensch aus. Das Gesicht bringt nicht nur den Gemütszustand des Einzelnen zum Ausdruck, sondern zunächst seine Offenheit, seine Fähigkeit,

sich anderen Menschen zu zeigen, sich ihnen mit-
zuteilen.

Aus diesem Grund ist das Gesicht der Ort der
Politik. Wenn die Tiere keine politischen Wesen
sind, dann nur deshalb, weil sie, die schon immer
im Offenen leben, ihre Exponiertheit nicht als Problem wahrnehmen. Sie verweilen einfach darin,
beschäftigen sich aber nicht damit. So kommt es
auch, dass Tiere kein Interesse an Spiegeln, an
Bildern als solchen haben. Der Mensch indes will
sich erkennen und erkannt werden, er will sich
seines Eigenbildes bemächtigen, er sucht darin
seine eigene Wahrheit. Dadurch verwandelt er
das Offene in eine Welt, in das Feld, auf dem eine
unablässige politische Dialektik stattfindet.

Würden die Menschen immer nur Informationen, diese oder jene bestimmte Sache einander
mitteilen, dann gäbe es keine wirkliche Politik,
sondern lediglich einen Austausch von Nachrichten. Da die Menschen aber einander vor allem ihre
eigene Offenheit, ihr eigenes Mitteilungsvermögen
signalisieren, stellt das Gesicht die Grundvorausset-
zung der Politik dar, das, worin alles gründet, was

die Menschen einander sagen oder geben können. Das Gesicht ist in diesem Sinne die wahre Stadt der Menschen, das politische Element schlechthin. Indem sie einander ins Gesicht sehen, erkennen die Menschen einander und entwickeln eine Leidenschaft füreinander, sie nehmen Ähnlichkeit und Unterschiede, Abstand und Nähe wahr.

Ein Land, das freiwillig auf sein eigenes Gesicht verzichtet, indem es die Gesichter seiner Bürgerinnen und Bürger allerorts mit Masken verhüllt, ist ein Land, das seine politische Dimension ausgelöscht hat. In diesem leeren Raum, Gegenstand einer beständigen, grenzenlosen Überwachung, bewegen sich voneinander isolierte Individuen, die den Anschluss zum unmittelbaren, sinnlichen Fundament ihrer Gemeinschaft verloren haben. Sie können nur noch ihre Botschaften an gesichtslose Namen richten.

20. WAS SIND FURCHT UND ANGST?

13. Juli 2020

Was sind die Furcht und die Angst, in die die Menschen heute so versunken scheinen, dass sie auf ihre ethischen, politischen und religiösen Überzeugungen verzichten? Sie ist etwas Vertrautes, gewiss, aber sobald wir versuchen, sie näher zu definieren, scheint sie unserem Verständnis beharrlich zu entgleiten.

In §30 von *Sein und Zeit* liefert Heidegger zunächst eine exemplarische Beschreibung der Furcht als »Befindlichkeit«. Die Furcht, erklärt der Philosoph, könne man nur ausgehend von der »Befindlichkeit« verstehen, also von jenem für das Dasein (die existenzielle Grundverfassung des Menschen) konstitutiven Zustand, in dem seine ursprüngliche Erschlossenheit, seine Öffnung zur Welt liegt. Das »Gestimmtsein« als Bedingung für die Entdeckung der Welt sei dem Bewusstsein vorgängig. Mit anderen Worten: Zu glauben, über eine Befindlichkeit frei verfügen und sie beherrschen zu können, sei eine Täuschung. Die Befindlichkeit hat nämlich ontologischen Charakter und als solche soll sie nicht mit einem seelischen Zustand, mit einem Gefühl verwechselt werden. In ihr liegt vielmehr die ursprüngliche Erschlossenheit des Daseins begründet, sein In-der-Welt-sein als Voraussetzung für jedes Erleben, Empfinden und Erkennen: »Alle immanente Reflexion kann nur deshalb ›Erlebnisse‹ vorfinden, weil das Da in der Befindlichkeit schon erschlossen ist.« Die Stimmung »überfällt. Sie kommt weder von ›Außen‹ noch von ›Innen‹, sondern steigt als Weise des In-der-Welt-seins aus diesem selbst auf.« Die Erschlossenheit besage nicht, dass das Sein, dem sich das Dasein öffnet, als solches auch erkannt wird. Dieses zeige sich hingegen in der reinen Faktizität: »Das pure ›daß es ist‹ zeigt sich, das Woher und Wohin bleiben im Dunkel.« Das Dasein, schreibt Heidegger, ist in sein Da »geworfen«, oder auch: an sein Da überantwortet. Die Öffnung, die in der Befindlichkeit stattfindet, zeigt sich als »Angewiesenheit« auf etwas, was das Dasein nicht einfach in sich aufnehmen kann, sondern dem es zunächst – vergeblich – auszuweichen versucht.

140

Dies wird in der Verstimmung und der Langeweile sichtbar, die – wie jede Befindlichkeit – das Dasein »ursprünglicher *erschließen*« als jede Selbstwahrnehmung, es aber auch »entsprechend hartnäckiger *verschließen* als jedes *Nicht*-wahrnehmen«. In der Verstimmung, fährt Heidegger fort, »wird das Dasein ihm selbst gegenüber blind, die besorgte Umwelt verschleiert sich, die Umsicht des Besorgens wird missleitet«. Und doch ist das Dasein auch in diesem Fall erschlossen, im Sinne einer ursprünglichen Erschlossenheit, dem es nicht entrinnen kann.

Diese Ontologie der Befindlichkeiten bildet den Hintergrund, vor dem Heidegger die Furcht untersucht. Er betrachtet das Phänomen zunächst unter drei Gesichtspunkten: dem *Wovor* der Furcht, dem *Fürchten* selbst und dem *Worum* der Furcht. Das Wovor, der Gegenstand der Furcht, sei immer ein »innerweltliches Begegnendes«. Das Furchtbare weise den »Charakter der Bedrohlichkeit und Abträglichkeit« auf; es sei zwar einigermaßen bekannt, aber nicht schon deshalb »geheuer«. Aus welcher Gegend immer es kommt, ist das Furchtbare stets in der Nähe: »Das Abträgliche ist als Drohendes noch nicht in beherrschbarer Nähe, aber es naht. In solchem Herannahen strahlt die Abträglichkeit aus und hat darin den Charakter des Drohens. Als Herannahendes in der Nähe aber ist das Abträgliche drohend, es kann treffen und doch nicht. Im Herannahen steigert sich dieses ›es kann und am Ende doch nicht‹. Das Abträgliche als Nahendes in der Nähe trägt die enthüllte Möglichkeit des Ausbleibens und Vorbeigehens bei sich, was das Fürchten nicht mindert und auslöscht, sondern ausbildet.« (Die »gewisse Ungewissheit« als Merkmal der Furcht findet sich übrigens auch in Spinozas Definition der Furcht als »unbeständiger Unlust«, entsprungen aus der »Vorstellung eines zweifelhaften Dings«, das man hasst.)

Kommen wir nun zum zweiten Aspekt, dem »Fürchten selbst«. Heidegger erläutert, dass »nicht etwa zunächst ein zukünftiges Übel (malum futurum) festgestellt und dann gefürchtet« wird, sondern dass das »Herannahende« bereits »zuvor in seiner Furchtbarkeit« entdeckt wird: »Fürchtend kann dann die Furcht sich, ausdrücklich hinsehend, das Furchtbare ›klar machen‹. Die Umsicht sieht das Furchtbare, weil sie in der Befindlichkeit der Furcht ist. Das Fürchten als schlummernde Möglichkeit des befindlichen In-der-Welt-seins, die ›Furchtsamkeit‹, hat die Welt schon darauf hin erschlossen, daß aus ihr so etwas wie Furchtbares nahen kann«. Die Furchtsamkeit als Ausdruck der ursprünglichen Erschlossenheit des Daseins geht immer jeder bestimmbaren Furcht voraus.

Schließlich das »Worum« der Furcht. Das, worum die Furcht fürchtet, schreibt Heidegger, »ist das sich Fürchtende selbst, das Dasein«, sprich der Mensch selbst, der Furcht empfindet: »Nur Seiendes, dem es in seinem Sein um dieses selbst geht, kann sich fürchten. Das Fürchten erschließt dieses Seiende in seiner Gefährdung, in der Überlassenheit an es selbst.« Die Tatsache, dass wir bisweilen um Haus und Hof oder unsere Mitmenschen fürchten, stellt keinen Einwand gegen Heideggers Diagnose dar: Wir können sagen, dass wir uns »für andere« fürchten, ohne echte Furcht zu empfinden, oder – sollte dies doch der Fall sein – weil wir für uns selbst den Verlust des Anderen fürchten, der uns »entrissen werden könnte«.

Die Furcht ist eine Grundart der Befindlichkeit, die den Menschen in seinem ursprünglichen Ausgeliefert- und Bedrohtsein erschließt. Das Bedrohliche begegnet uns natürlich in vielen Gestalten, die nach Maß und Schweregrad variieren können: Wenn »ein Bedrohliches in seinem ›zwar noch nicht, aber jeden Augenblick‹ selbst plötzlich in das besorgende In-der-Welt-sein hereinschlägt, wird die Furcht zum *Erschrecken*.« Hat das Bedrohliche »den Charakter des ganz und gar Unvertrauten«, so wird die Furcht zum *Grauen*. Vereint schließlich das Bedrohliche beide Aspekte – Plötzlichkeit und Grauenhaftes – in sich, so spricht man von *Entsetzen*. Diese und weitere Abwandlungen der Furcht deuten darauf hin, dass das Dasein als In-der-Welt-sein schon immer »furchtsam« ist.

Die einzige weitere Befindlichkeit, die Heidegger in *Sein und Zeit* behandelt, ist die Angst. Ihr, und nicht der Furcht, kommt die Bedeutung einer Grundbefindlichkeit zu. Doch gerade der Zusammenhang mit der Furcht erlaubt es Heidegger, zur

Natur der Angst vorzudringen, indem er «das, wovor sich die Angst ängstigt, von dem, wovor sich die Furcht fürchtet« unterscheidet. Während die Furcht immer mit etwas Bestimmbarem zu tun hat, sei »das Davor der Angst kein innerweltliches Seiendes«. Die Bedrohung hat hier nicht »den Charakter einer bestimmten Abträglichkeit«, denn das »Davor« der Angst ist völlig unbestimmt. Dies bewirkt, dass es »faktisch unentschieden« bleibt, aus welchem »innerweltlichen Seienden« die Bedrohung hervorgeht, aber auch, dass »das innerweltliche Seiende überhaupt nicht ›relevant‹« ist. Das Davor der Angst ist kein Seiendes, sondern »die Welt als solche«. In der Angst erschließt sich die Welt als Welt, »und nur weil die Angst latent das In-der-Welt-sein immer schon bestimmt, kann dieses als besorgendes-befindliches Sein bei der ›Welt‹ sich fürchten. Furcht ist an die ›Welt‹ verfallene, uneigentliche und ihr selbst als solche verborgene Angst.«

Es wurde zu Recht bemerkt, dass der Primat der Angst gegenüber der Furcht sich leicht umkehren ließe: Die Furcht wäre demnach keine verminderte, an einen Gegenstand verfallene Angst, sondern man könnte berechtigterweise die Angst als eine Furcht beschreiben, die ihres Gegenstandes verlustig gegangen ist. Entzieht man der Furcht ihr Objekt, so verwandelt sie sich in Angst. So betrachtet wäre die Furcht (und nicht die Angst) die Grundbefindlichkeit, in die der Mensch schon immer zu gleiten droht. Davon rührt auch ihre wesentliche politische Bedeutung als Phänomen, das die Macht – spätestens seit Hobbes – als Grundlage und Rechtfertigung für ihr Handeln nutzt.

Ich möchte nun versuchen, Heideggers Analyse zu entfalten und fortzusetzen. In der für uns relevanten Perspektive bezieht sich die Furcht immer – und das ist bemerkenswert – auf ein »Ding«, ein »innerweltliches Seiendes« (genauer auf ein Virus, das kleinste Lebewesen überhaupt). Als »innerweltlich« bezeichnet Heidegger eine Entität, die jeglichen Bezug zur ursprünglichen Erschlossenheit der Welt verloren hat: Aufgrund ihrer rein faktischen, unausweichlichen Existenz bleibt ihr der Zugang zu einer möglichen Transzendenz verwehrt. Das In-der-Welt-sein ist für Heidegger zwar konstitutiv durch Öffnung und Transzendenz geprägt, aber gerade diese Transzendenz bewirkt, dass es der Welt der Dinge überlassen ist. In-der-Welt-sein bedeutet, dass das menschliche Dasein gleichursprünglich auf die Dinge angewiesen ist, welche die Erschlossenheit der Welt enthüllt und erscheinen lässt. Während das weltarme Tier ein Ding nicht als solches wahrnehmen kann, ist der Mensch als weltoffenes Wesen unentrinnbar auf die Dinge als Dinge angewiesen.

Daraus ergibt sich die ursprüngliche Möglichkeit der Furcht: Sie ist die Befindlichkeit, die zum Vorschein kommt, wenn der Mensch sich zwischen Welt und Dingen nicht mehr zurechtfindet: Dem innerweltlichen Seienden ausgeliefert, kann er ein bestimmtes »Ding« nicht mehr bewältigen, das daraufhin zu etwas Bedrohlichem wird. Geht die Beziehung zur Welt verloren, so wird das »Ding« als solches zu etwas Furchterregendem. Die Furcht ist die Dimension, die sich der Menschheit öffnet, wenn sie – wie in der Moderne – einer unausweichlichen »Dinghaftigkeit« überlassen wird. Das Erschreckende, das »Ding«, das in den Horrorfilmen die Menschen überfällt und bedroht, verkörpert genau dieses unumgängliche Dinghafte.

Diese erklärt nicht zuletzt das Ohnmachtsgefühl, mit dem die Furcht einhergeht. Wer Furcht empfindet, versucht mit allen Mitteln, sich vor dem bedrohlichen Ding zu schützen, indem er oder sie etwa einen Mundschutz trägt oder sich zu Hause einsperrt. Die Vorkehrungen zeitigen jedoch keine beruhigende Wirkung, sondern lassen stattdessen die Ohnmacht gegenüber dem »Ding« noch größer und beständiger erscheinen. Die Furcht stellt insofern das Gegenteil des Willens zur Macht dar: Das Grundmerkmal der Furcht ist der Wille zur Ohnmacht, das Ohnmächtig-sein-Wollen gegenüber dem Ding, das Furcht einflößt. Auf ähnliche Weise führt das Bedürfnis nach Beruhigung dazu, dass man sich jemandem (sei es einem Arzt oder dem Zivilschutz) anvertraut, dem eine gewisse Autorität auf dem Gebiet zugeschrieben wird. Dies lässt jedoch das Unsicherheitsgefühl, das die Furcht begleitet, nicht verschwinden, denn die Furcht ist an sich ein Wille zur Unsicherheit, ein Unsicher-sein-Wollen. Dies wird umso offensichtlicher, wenn man bedenkt, dass ausgerechnet diejenigen, die beruhigen sollten, die Unsicherheit schüren, indem sie die Verängstigten unablässig daran erinnern, dass der Auslöser ihrer Furcht weder besiegt noch ausgemerzt werden kann.

Wie können wir also diese Grundbefindlichkeit bewältigen, in die wir als Menschen unweigerlich hinabzustürzen scheinen? Da die Furcht der Erkenntnis und Reflexion vorausgeht, wird man den Verängstigten weder mit rationalen Argumentationen noch mit Beweisen überzeugen können: Die Furcht ist zunächst das Unvermögen, Überlegungen anzustellen, die nicht wiederum von der Furcht gesteuert sind. Mit Heideggers Worten: »Die Furcht verwirrt und macht ›kopflos‹.« Im Laufe der Epidemie konnte man beispielsweise beobachten, wie Daten und Meinungen aus vertrauenswürdigen, anerkannten Quellen systematisch ignoriert und ausgeblendet wurden – zugunsten fragwürdiger Daten und Meinungen bar jeglicher wissenschaftlichen Grundlage.

Die Furcht hat ursprünglichen Charakter. Als solche können wir sie erst bewältigen, wenn wir

Zugang zu einer gleichermaßen ursprünglichen Dimension erhalten. Diese Dimension ist gegeben: Sie ist die Erschlossenheit selbst, die Öffnung zur Welt, in der die Dinge erscheinen und uns bedrohen können. Die Dinge werden furchterregend, weil wir ihre Zugehörigkeit zur Welt vergessen, die sie transzendiert und zugleich vergegenwärtigt. Wir können erst dann das »Ding« von der Furcht trennen, mit der es unlösbar verbunden zu sein scheint, wenn wir uns auf die Erschlossenheit besinnen, in der das Ding schon immer offen und enthüllt ist. Nicht die Überlegung, sondern die Erinnerung – an uns selbst und an unser In-der-Welt-sein – kann uns Zugang zu einer furchtbefreiten Dingwelt gewähren. Das (unsichtbare) Ding, das mich in Schrecken versetzt, ist ein innerweltliches Seiendes und als solches – wie ein Baum, ein Bach oder ein Mensch – erschlossen in seiner reinen Existenz. Nur weil ich auf der Welt bin, können mir die Dinge erscheinen und mir Furcht einflößen. Sie sind Teil meines In-der-Welt-seins. Genau dieser Umstand – und keine abstrakt abgespaltete und zur höchsten Instanz erhobene Dingwelt – bestimmt die ethischen und politischen Regeln, an denen ich mein Verhalten orientiere. Gewiss, der Baum kann fallen und mich erschlagen, der Bach kann über die Ufer treten und das Dorf überfluten und dieser Mensch hier kann mich unvermittelt verletzen: Wird eine solche Möglichkeit plötzlich real, so kann eine berechtigte Sorge mich dazu leiten, angemessene Vorkehrungen zu treffen, ohne mich jedoch in Panik zu versetzen. Auch werde ich den Kopf nicht verlieren, indem ich es anderen erlaube, ihre Macht auf meine Angst zu gründen und den Notstand zur beständigen Norm zu machen, um mir vorschreiben zu können, was ich darf und was ich nicht darf, und um die Prinzipien außer Kraft zu setzen, die bisher meine Freiheit garantiert haben.

BIBLIOGRAPHIE

Agamben, Giorgio: *Das Offene. Der Mensch und das Tier*. Aus dem Italienischen von Davide Giuriato. Frankfurt/M.: Suhrkamp 2003

Agamben, Giorgio: »Jenseits der Menschenrechte«, in: *Mittel ohne Zweck. Noten zur Politik*. Aus dem Italienischen von Sabine Schulz. Zürich/Berlin: Diaphanes 2001

Agamben, Giorgio: *Homo Sacer. Die souveräne Macht und das nackte Leben*. Aus dem Italienischen von Herbert Thüring. Frankfurt/M.: Suhrkamp 2002

Canetti, Elias: *Masse und Macht* [1960], Frankfurt/M.: Fischer 1980

Heidegger, Martin: *Sein und Zeit* [1927], Tübingen: Niemeyer 2006

Polanyi, Karl: *The Great Transformation. Politische und ökonomische Ursprünge von Gesellschaften und Wirtschaftssystemen*. Aus dem Englischen von Heinrich Jelinek. Frankfurt/M.: Suhrkamp 1973

Schmitt, Carl: *Politische Theologie. Vier Kapitel zur Lehre von der Souveränität* [1922], Berlin: Duncker und Humblot 2015

Zylberman, Patrick: *Tempêtes microbiennes*, Paris: Gallimard 2013

HINWEIS

Falls nicht anders angegeben, sind die in diesem Band versammelten Texte zum ersten Mal in Giorgio Agambens Online-Rubrik »Una voce« auf der Webseite des Quodlibet-Verlags erschienen.

Die im Impressum angegebene Publikation »A che punto siamo? L'epidemia come politica« (Macerata 2020) enthält alle im vorliegenden Band versammelten Texte mit Ausnahme von »Zwei schändliche Wörter«, »Notstand und Ausnahmezustand«, »Ein gesichtsloses Land« und »Was sind Furcht und Angst?«.